Tuna Serzedello

O TEATRO QUE MUDA O MUNDO

+ dramaturgia inédita para jovens *Lance livre*

+ capítulo **Aulas de teatro** *online*, por Soledad Yunge

EXPERIÊNCIAS COM TEATRO JOVEM

SOBRE O TÍTULO do LIVRO

Uma noite, tive a sorte de conversar com o experiente ator, autor, jornalista e dramaturgo Oswaldo Mendes e ele me disse que começou a fazer teatro quando era jovem, porque queria "mudar o mundo." Eu provoquei: e mudou? Ele, na sua sabedoria: "O teatro é feito por pessoas. Se as pessoas mudarem, o mundo muda. Eu mudei".

Só há uma vida e nela quero ter tempo de construir-me e destruir-me, de Pablo Fidalgo Lareo (Foto: Marko Ribeiro, 2018)

Por que os teatros estão vazios
Criação coletiva
(Foto: Gael Bérgamo, 2019)

NOTA do AUTOR

O que entendo por teatro jovem?

No Brasil, o Estatuto da Criança e do Adolescente (ECA) estabelece que adolescente é o indivíduo entre 12 e 18 anos incompletos. Já o termo "jovem" costuma ser utilizado para designar a pessoa entre 15 e 29 anos, segundo a Unesco.

© 2023 Tuna Serzedello

Editora
Renata Farhat Borges

Editora Assistente
Ana Carolina Carvalho

Revisão
Mineo Takatama

Desenho do livro
Márcio Koprowski

Dados Internacionais de Catalogação na Publicação (CIP)

S492t   Serzedello, Tuna

Teatro que muda o mundo: experiências com teatro jovem, O / Tuna Serzedello. - São Paulo : Peirópolis, 2023.
144 p. ; 27,5cm x 20,5cm.

ISBN: 978-65-5931-089-0

1. Teatro. 2. Teatro jovem. I. Título.

2023-671   CDD 792
                                                              CDU 792

Elaborado por Vagner Rodolfo da Silva - CRB-8/9410
Índice para catálogo sistemático:
1. Teatro 792
2. Teatro 792

Editado conforme o Acordo Ortográfico
da Língua Portuguesa de 1990.

1ª edição, 2023

Editora Peirópolis Ltda.
Rua Girassol, 310F – Vila Madalena
05433-000 – São Paulo – SP
tel.: (11) 3816-0699
vendas@editorapeiropolis.com.br
www.editorapeiropolis.com.br

Disponível em e-book no formato ePub
(ISBN 978-65-5931-090-6)

SUMÁRIO

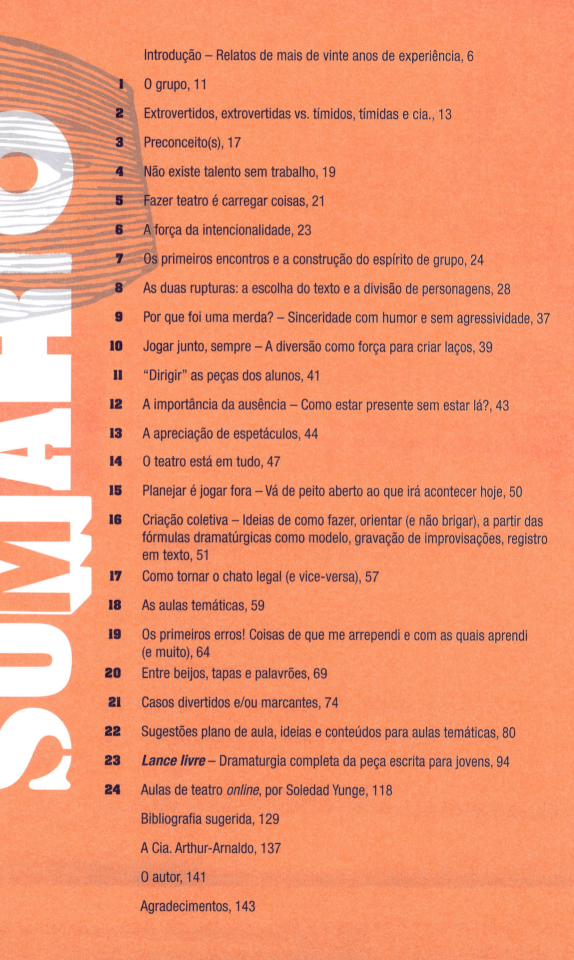

Introdução – Relatos de mais de vinte anos de experiência, 6

1. O grupo, 11
2. Extrovertidos, extrovertidas vs. tímidos, tímidas e cia., 13
3. Preconceito(s), 17
4. Não existe talento sem trabalho, 19
5. Fazer teatro é carregar coisas, 21
6. A força da intencionalidade, 23
7. Os primeiros encontros e a construção do espírito de grupo, 24
8. As duas rupturas: a escolha do texto e a divisão de personagens, 28
9. Por que foi uma merda? – Sinceridade com humor e sem agressividade, 37
10. Jogar junto, sempre – A diversão como força para criar laços, 39
11. "Dirigir" as peças dos alunos, 41
12. A importância da ausência – Como estar presente sem estar lá?, 43
13. A apreciação de espetáculos, 44
14. O teatro está em tudo, 47
15. Planejar é jogar fora – Vá de peito aberto ao que irá acontecer hoje, 50
16. Criação coletiva – Ideias de como fazer, orientar (e não brigar), a partir das fórmulas dramatúrgicas como modelo, gravação de improvisações, registro em texto, 51
17. Como tornar o chato legal (e vice-versa), 57
18. As aulas temáticas, 59
19. Os primeiros erros! Coisas de que me arrependi e com as quais aprendi (e muito), 64
20. Entre beijos, tapas e palavrões, 69
21. Casos divertidos e/ou marcantes, 74
22. Sugestões plano de aula, ideias e conteúdos para aulas temáticas, 80
23. *Lance livre* – Dramaturgia completa da peça escrita para jovens, 94
24. Aulas de teatro *online*, por Soledad Yunge, 118

Bibliografia sugerida, 129

A Cia. Arthur-Arnaldo, 137

O autor, 141

Agradecimentos, 143

INTRODUÇÃO

RELATOS DE MAIS DE VINTE ANOS DE EXPERIÊNCIA

Parabéns!

Se você começou a ler este livro, merece os parabéns antecipados!

Parabéns pela coragem de fazer teatro!

Parabéns pela coragem de fazer teatro com um grupo de adolescentes!

Os músicos, de Patrick Marber
Projeto Conexões
(Foto: Jorge Alves, 2016)

A sua prática, que você está procurando aprimorar com a leitura deste livro, irá mudar a vida dessas jovens e desses jovens com as quais e com os quais você está trabalhando.

Ela vai fazer com que elas e eles tenham uma experiência da qual jamais irão se esquecer por toda a vida.

Irão se esquecer de grande parte das aulas e dos professores e professoras que tiveram na escola. Mas de você, não.

Você terá a sua imortalidade garantida nas histórias que elas e eles contarão para as futuras gerações! Percebe o tamanho da sua responsabilidade?

Parabéns por tamanha coragem!

Eu fui um deles.

Eu fui um desse alunos.

Eu comecei a fazer teatro na escola.

Eu acreditava que o teatro ia mudar o mundo. E ainda acredito!

Tinha 15 anos (o ano era 1989) quando entrei na sala em que o grupo de teatro estava ensaiando para esperar a minha namorada naquela época, que era do grupo, terminar o ensaio. O professor (sempre tem um bom professor envolvido nas boas escolhas) me chamou para fazer parte de um exercício. Na aula seguinte, para fazer parte de uma cena. Depois, eu era o responsável por deixar cair uma bandeja para fazer um barulho em determinada cena. Depois, precisei entrar em cena para fazer uma "ponta".

Aí o namoro acabou. Hoje, ela é otorrinolaringologista, e eu continuo no teatro com jovens de 15 anos!

Minha primeira experiência formal como professor foi em um curso profissionalizante, onde eu tinha me formado em teatro. Tinha recém-dirigido, com 24 anos, uma montagem profissional da peça **Revolução na América do Sul** de Augusto Boal. Peça a que eu tinha assistido – e me apaixonado por ela – na mesma escola em que estudei. O sucesso da montagem rendeu convite para dar aulas, que aceitei com medo e animação. No primeiro dia de aula – a disciplina era "Montagem teatral", em uma turma enorme, de mais de quarenta alunos e alunas de idades entre 14 e 72 anos (sério!) –, uma pessoa me pergunta: quando vai chegar o professor?

Então, revelei: já chegou. Sou eu!

Alunos e alunas me olharam com incredulidade!

Esse moleque tem algo pra nos ensinar?

Ao responder: sou eu – ao me ouvir dizendo isso –, me nomeei professor de teatro, e de lá para cá essa foi a minha vivência diária e intensa.

Gosto de dizer a alunas e alunos que eu não ensino nada, que teatro não se ensina – teatro se aprende fazendo – e o que faço é apenas criar situações para que elas e eles possam aprender.

São mais de duas décadas aprendendo a dar aulas, a orientar grupos, a dirigir peças com grupos de adolescentes.

E, paralelamente, fazer isso também profissionalmente, a maior parte das vezes com peças destinadas ao público jovem e infantil.

O começo, como já disse, foi em uma escola profissionalizante; depois, em escolas de ensino básico para alunos e alunas de ensino médio, passando por diversas experiências com oficinas, *workshops*, rodas de conversa e pesquisas com a minha companhia de teatro, a **Cia. Arthur--Arnaldo**, de São Paulo, que fundei em 1996, quando ainda era aluno da escola de teatro.

Já estive com jovens de escolas públicas, particulares, grupos independentes, amadores, profissionais, nas diversas regiões de São Paulo, seja como professor contratado, seja como oficineiro, ou em projetos contemplados pelo Programa Municipal de Fomento ao Teatro para a Cidade de São Paulo, em unidades do Sesc, da capital e do interior, em CEUs, teatros municipais, fábricas de cultura, oficinas culturais, casas de cultura, e em muitas cidades do interior do Estado de São Paulo por meio de programas como Mosaico Teatral e Proac.

Já circulei também pelo nosso país, fazendo *workshops* e mesas-redondas em Paraná, Rio de Janeiro, Minas Gerais, Distrito Federal, Goiânia e Recife, e por outros países, participando de festivais, Itália, Noruega, Suécia, Reino Unido e Alemanha, onde trabalhamos por um mês com uma companhia de teatro que reunia jovens alemães e refugiados.

Fui um dos membros da coordenação do projeto **Conexões de Teatro Jovem**, versão brasileira do programa Connections, do Royal National Theatre de Londres. Durante os treze anos (2007-2019) de sua existência, tive contato com mais de duzentos grupos de escolas que participaram do projeto com mais de dois mil jovens de 12 a 19 anos.

Muito importante é dizer que várias dessas técnicas, ou quase todas, não são minhas, mas de importantes teóricos e da minha parceira de trabalho e diretora teatral, Soledad Yunge, que desde 2000 ouve minhas reflexões, me ajuda a planejar aulas, sair de problemas e confiar em mim mesmo. Ela tem formação em artes cênicas pela Escola de Comunicações (ECA) da Universidade de São Paulo (USP) e, internacionalmente, pelas escolas Desmond Jones School of Mime and

Physical Theatre e École Philippe Gaulier. Sou grato a ela pela paciência e por dividir sua sabedoria comigo. Ela divide também estas páginas, tendo escrito um capítulo especial sobre aulas de teatro *online*, com suas vivências em ensino remoto durante a pandemia de 2020.

Todas essas experiências me encheram de coragem para compartilhar com você alguns dos aprendizados que apreendi **entre jovens**, acreditando que, com isso, poderia mudar o mundo. Espero que ao final da sua experiência com o grupo que você está se propondo liderar, também se modifique, se realize e escreva um livro!

Boa leitura e merda*!

Existem muitas versões para explicar por que atores e atrizes desejam merda uns aos outros antes de entrarem em cena. Muitas remetem ao fato de que antigamente o público ia de charrete ou a cavalo para assistir às peças e os equídeos que ficavam parados na frente da porta do teatro deixavam as calçadas cheias com o produto de sua digestão. Ou seja, quanto mais merda, mais sucesso!

Então, MERDA para vocês!

Existem duas preocupações principais ao se constituir um grupo: a primeira tem a ver com empatia, o apoio que um dá ao outro, o compromisso interior de estarem juntos; a segunda, com o ritmo, com a dinâmica e com uma espécie de sensibilidade que possa ser expressa ritmicamente.

Uma outra preocupação é a atenção aos problemas pessoais, dando-lhes precedência, pois, quando se consegue uma equipe totalmente focada no trabalho, o processo inspira a si mesmo através do envolvimento das atrizes e dos atores, mas é muito importante não confundir atmosfera criativa com amizade, pois o encontro de um grupo só é selado quando há descoberta de profundas raízes entre seus componentes e entre eles e as coisas que juntos vão expressar.

O trabalho conjunto é que vai dar a direção da peça, e essa cooperação só ocorre quando há esforço mútuo. Ambos – interesse mútuo e cooperação – possibilitam a continuidade do grupo e são fatores essenciais para sua evolução. O crescimento grupal é resultado direto da confiança que um deposita no outro. Leva tempo para se desenvolver confiança.

Um grupo deve inventar sua própria disciplina, definida pela criação de atividades que tragam maior afinidade entre aqueles que investigam juntos.

Antonio Januzelli, *A aprendizagem do ator*

O GRUPO
CAPÍTULO 1

Ao montar uma peça de teatro com um grupo de jovens, você provavelmente passou ou passará por um destes caminhos:

1 – O GRUPO TE ESCOLHEU – Elas e eles se juntaram, querem fazer uma peça e pensaram em você. Pode ser que você não tenha sido a primeira opção, mas tudo bem! O importante é que você aceitou o desafio e está no mesmo barco. Uma **informação importante sobre essa modalidade**: o grupo se conhece entre si e já tem algumas dinâmicas formadas entres seus integrantes.

2 – INSCRIÇÕES EM UM CHAMADO ABERTO – Foram abertas inscrições para um curso, oficina, e você é o professor/professora ou orientador/orientadora. **Informação importante sobre essa modalidade**: o grupo não se conhece entre si e as dinâmicas formadas entres seus integrantes se darão a partir do que você propuser.

3 – AULAS OBRIGATÓRIAS EM GRADE CURRICULAR – Teatro é matéria do currículo e os alunos e alunas são obrigados/obrigadas a frequentar as aulas. Tem notas, presença e um conteúdo a ser ministrado. **Informação importante sobre essa modalidade**: o grupo se conhece entre si e já tem algumas dinâmicas formadas entres seus integrantes, e alguns irão odiar a sua presença.

Cada uma dessas configurações leva em consideração alguns aspectos importantes para você ao preparar o seu encontro com esses/essas jovens.

No **primeiro caso,** existe uma enorme expectativa (e esta é a mãe da merda!) em torno da sua presença; afinal, você foi o escolhido/a escolhida, você, aquele/aquela que irá resolver todas as questões do grupo, de preferência já no primeiro encontro. Você terá que fazer com que tudo flua às mil maravilhas e que não existam descontentamentos.

No **caso dois,** você terá que recorrer a todo o seu charme para conquistar e reter o grupo heterogêneo, que está se conhecendo por meio de suas propostas, para que formem um grupo coeso e harmonioso, tendo você como o principal elo entre elas e eles. Se você falhar, haverá evasão, lutas pelo poder no grupo e desagregação.

Na **terceira opção,** o ódio a você já é uma certeza, por pelo menos uma parte dos/das estudantes, que abomina a ideia de ter teatro no currículo e ser avaliado por isso. Fora essa questão que se apresenta de cara, você pode acrescentar os problemas mencionados para os dois casos acima, que acontecerão simultaneamente. Além de frustrar aquelas/aqueles que poderiam gostar de teatro, você irá decepcionar aquelas/aqueles que brigarão entre si e os/as que usarão a sua aula como um laboratório de *bullying* contra os/as colegas e contra você mesmo!

Parece que não tem saída. Mas temos algumas pistas nos próximos capítulos, nos quais vou compartilhar com vocês algumas práticas que, espero, façam com que consiga se sair bem nessa difícil, mas deliciosa, tarefa de mudar o mundo por meio do teatro!

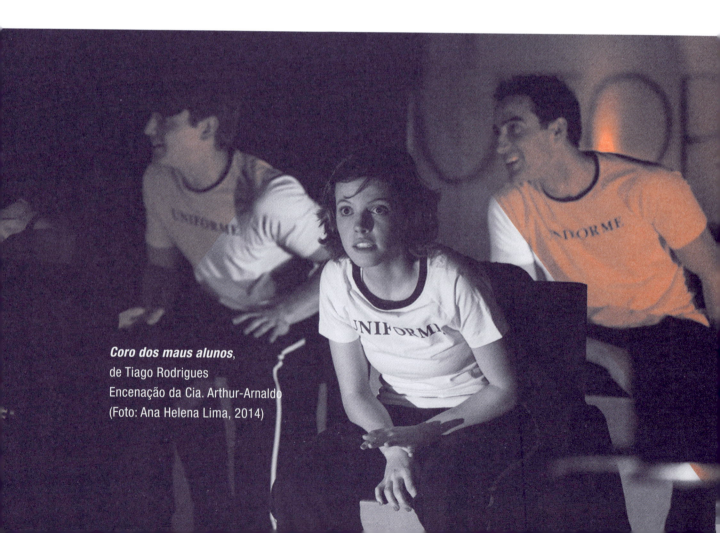

Coro dos maus alunos,
de Tiago Rodrigues
Encenação da Cia. Arthur-Arnaldo
(Foto: Ana Helena Lima, 2014)

EXTROVERTIDOS, EXTROVERTIDAS vs. TÍMIDOS, TÍMIDAS E CIA.

Existem alguns clichês reservados ao fazer teatral e invariavelmente você irá esbarrar com eles ao montar uma peça com um grupo de jovens. **Não acredite nos clichês!** Não se deixe levar pela vontade de colocar os/as jovens em caixinhas preconcebidas. Este livro tem a pretensão de abrir o seu olhar e seu coração para aceitar e amar cada uma das suas alunas e alunos como são.

O primeiro clichê em que você irá esbarrar é o de que para fazer teatro é preciso ser extrovertida/extrovertido.

Falas como "Desde pequeno/pequena, eu fazia um *show* na sala da minha casa", "Sempre me disseram que eu tinha jeito para teatro", "Você é muito bonita/bonito, vai se dar bem no teatro" ou ainda "Sempre sonhei em fazer novelas na TV, por isso vim para o teatro, para ter uma boa base".

Costumo dizer aos meus alunos e alunas que os extrovertidos/extrovertidas podem ser bons atores/atrizes, mas não necessariamente serão. No meu entendimento, os/as melhores intérpretes costumam ser os tímidos e as tímidas, pois eles e elas não estão no centro das atenções, atraindo o interesse para si, e, portanto, têm bom poder de observação e um entendimento das relações humanas, ao contrário de quem está no foco, que tem mais dificuldade de enxergar. Além disso, a extrovertida/extrovertido é mais suscetível, em geral, – e as generalizações são sempre questionáveis! –, a críticas, pois tende a confundir o que ela/ele faz em cena com a sua própria personalidade.

Seu grupo inevitavelmente terá um/uma – ou mais – extrovertido/extrovertida que irá buscar o teatro para se aperfeiçoar. O desafio é fazer com que se encantem ainda mais pelas suas possibilidades, sem deixar de ter um lado crítico em relação ao seu trabalho.

A boa notícia é que elas e eles gostam de desafios. Ao serem colocadas/colocados diante de uma situação de desconforto, irão surtar, mas, se esse desconforto for travestido de um desafio, aceitarão e surpreenderão você e o grupo.

Por exemplo: "Tenho um papel aqui ou uma situação que vai te desafiar muito. Não sei se você está preparado/preparada para fazer um papel sem fala". A ideia é o deslocamento do papel "principal", que seria o "natural" para essa pessoa, para um desafio pessoal: o de não ser o centro das atenções, pelo menos dado previamente. Isso, além de beneficiar a aluna/o aluno como atriz/ator, será primordial para a sua formação socioemocional. Mas isso tem que ser construído, ao longo de um ano de curso, após o fortalecimento de uma ligação de confiança entre vocês.

Por outro lado, no mesmo grupo você tem as "tímidas/tímidos" que entraram no teatro por motivos como: melhorar a autoconfiança; aprender a falar em público; interagir com outros alunos e alunas que não falam com elas/eles no dia a dia escolar; ou porque assistiram a uma peça e se admiraram da coragem dos que estão no grupo; porque não têm outro lugar para ir; porque o pai/mãe/terapeuta indicou; ou ainda porque são apaixonadas/os por alguém do grupo! Esses são aquelas/aqueles que se contorcerão com as propostas que você irá fazer no começo, não participarão de algumas atividades, mas serão o seu braço direito após dois ou três meses de curso.

Possivelmente, serão aquelas/aqueles que farão você querer dar aula, aquelas/aqueles em quem você pensa em primeiro lugar na hora de planejar um exercício, escolher a peça. As tímidas e os tímidos são a sua força, sua estratégia, e a saída deles do grupo de teatro fará você se sentir fracassado.

Outras alunas/outros alunos poderão sair, mas, se uma/um daquelas/daqueles deixar o grupo, pode ter certeza de que você errou em alguma conduta, não interveio no momento certo, escolheu um tema errado. Tímidas e tímidos são a alma do grupo, o motivo para montar um grupo de teatro com adolescentes, fazer com que percebam que eles e elas têm voz própria, que podem ser protagonistas das suas próprias vidas e que, se há alguém que sabe alguma coisa sobre elas/eles, são elas/eles próprios! A jornada dentro do grupo de teatro irá transformar para sempre a vida das suas alunas e alunos – de todos –, mas, para esse grupo em especial, será determinante.

A dica é: não tenha pressa. Pense em cada exercício e jogo com carinho, ampliando gradativamente o nível de exposição e segurança dessas alunas e alunos. Planeje como se fosse edificar um prédio, montando peça por peça. Segurança na exposição pública é construída com carinho e reconhecimento. Elogie muito, com constância e franqueza. Alguma coisa boa todos sabem fazer. Pode ser um ritmo, um som, um olhar, uma risada, uma virada, um pisar, um piscar! Qualquer coisa. Grite, saúde, dance, faça festa! Confirme que "*esse é o olhar que vocês precisavam*". Batize o olhar com o nome da aluna/o. Use-o como marca: "Agora vamos dar aquele olhar da Fernanda. Vou contar até cinco e todos me olham com o olhar da Fernanda". Cada integrante do grupo terá uma característica diferente e um talento distinto.

Aproveite as aulas iniciais para descobrir do que elas/eles gostam, do que se orgulham, e faça um arquivo mental (ou anote num caderno confidencial) desses talentos para você elogiar nas aulas ou "dar uma bronca": "Estou sentindo falta daquele olhar que só você sabe dar, Fernanda." "O que a gente precisa fazer para recuperar aquela precisão dos gestos do Felipe?", e assim por diante.

Descubra quem toca algum instrumento, dança, gosta de moda, sabe filmar, fotografar, tem talento para pesquisar, a comunicadora/comunicador, quem usa as mídias sociais, escreve, entende de luz, gosta de mitologia, *videogame*, maquiagem, RPG, escreve poesia, faz *rap*, canta *funk*, faz *memes*... qualquer talento serve num processo de construção de peça de teatro. Recorra a essas alunas e alunos como consultores para questões específicas ligadas às suas vocações pessoais.

Fazer teatro é somar talentos. Nenhuma pessoa é desprovida de talento. Sua função como organizadora/organizador do grupo é descobri-los e combiná-los para transformar sua peça de teatro com adolescentes em uma obra única e de uma poética pessoal exclusiva daquele grupo.

Mesmo que seja uma peça de Shakespeare, será um Shakespeare único, que só a combinação dos talentos daquelas pessoas específicas pode criar.

Precisamos também falar sobre as/os "especiais". Cada escola irá tratar ou chamar por um nome: "inclusão", "laudadas/laudados" ou "com laudo", "portadoras/portadores de necessidades", "defs", ou outro rótulo qualquer da moda.

A tentação da professora/professor é estudar a doença que foi diagnosticada e tentar prever o comportamento das pessoas para amenizar o sofrimento delas. Pela minha experiência com diversas alunas e alunos, a regra é a mesma para todos: tratar cada aluna e cada aluno como ser único.

A cada proposta, cada uma/um reagirá à sua maneira, e a partir da resposta você preparará as próximas ações. Cada resposta gera novo comportamento no grupo, que, como você, é corresponsável pelo sucesso do trabalho.

Claro, quanto mais você souber de suas alunas e alunos, melhor para o seu trabalho como professora/professor! Mas não somente de uma pessoa, mas de todas e todos. Montar uma peça de teatro com jovens é, como qualquer outra, gerenciar frustrações e expectativas.

Você estará o tempo todo gerenciando aquelas e aqueles que acham que tudo dará errado e as/os que têm certeza de que tudo dará certo, apesar de trabalharem pouco para isso.

As/os "especiais" estão na mesma categoria. Trabalhe com todos e todas com carinho e respeito, observando os limites e as virtuosidades de cada um deles, sem fazer diferença, e todos se sentirão responsáveis e especiais por fazerem parte do grupo.

PRECONCEITO(S)

Com certeza, você terá que lidar com alguns desses preconceitos no seu grupo de teatro na escola. Pessoas irão dizer que:
- teatro é coisa de meninas e meninos *gays*;
- teatro é para gente louca;
- teatro é lugar de maconha;
- quem faz teatro é mais largado;
- quem faz teatro vai mal na escola;
- fazer teatro é passar vergonha;
- quem faz teatro quer "aparecer";
- teatro é para fazer protesto;
- teatro é para folgados;
- o único teatro bom é o musical;

Acrescente aqui o que você já ouviu de preconceituoso sobre fazer teatro:

_____

Vamos falar sobre isso.

Esse preconceito não é exclusividade dos alunos; afinal, diz-se que a professora/o professor de teatro é: vagabunda/o, preguiçosa/o, homossexual, liberal, maconheira/o, viajandão, sem compromisso, comunista, pobre, *hippie*, "alterna", fracassada/o, ou todos os outros já citados somados. **ATENÇÃO! NÃO ESTOU FAZENDO AQUI UM JUÍZO DE VALOR** sobre nenhum dos traços aqui escritos, apenas dizendo que eles são colocados de maneira negativa por quem os profere.

Primeira coisa que se tem a dizer é que **TODO PRECONCEITO É BURRO**. Claro que tem professoras e professores de todos os tipos no mundo, e dizer que "alguém é professora/professor ou aluna/aluno de teatro" não significa encaixá-las/los em algum rótulo.

Fazer teatro desperta interesse por diferentes formas de conhecimento, e aguça a curiosidade em relação às mais diversas fontes de conhecimento e comportamento humano. Portanto, não é incomum que adolescentes que fazem teatro se engajem em ações que vão além do palco, como voluntariado, grêmio estudantil, coletivos, bandas de *rock*, coral, entre tantas outras.

Saiba você que irá lidar com preconceitos entre suas alunas e alunos e será você, pessoalmente, por vezes a vítima. E isso é esperado.

A maneira de lidar com o preconceito é responder com o seu trabalho. Ao realizar uma peça de teatro com um grupo desacreditado, do qual não se esperam grandes realizações, em virtude de seus integrantes serem enquadrados pelos outros em qualquer um dos itens de preconceito relacionados no início do capítulo, a sua atuação ajuda a derrubar os pensamentos sobre essas/esses jovens e fazer com que elas e eles se sintam bem com suas individualidades, sejam quais forem.

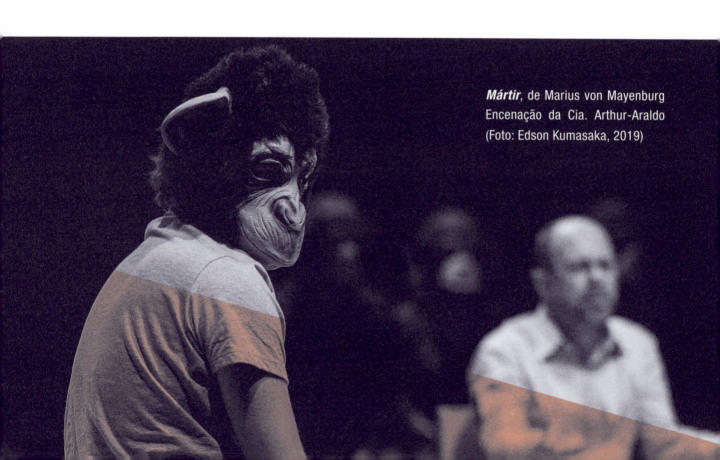

Mártir, de Marius von Mayenburg
Encenação da Cia. Arthur-Araldo
(Foto: Edson Kumasaka, 2019)

NÃO EXISTE TALENTO SEM TRABALHO
CAPÍTULO 4

Por tudo o que foi e será dito neste livro, você irá perceber que a ideia de talento para as artes cênicas pode ser relativizada. Algumas alunas e alguns alunos poderão ter mais facilidade e autoconhecimento para usá-lo em cena, como outras e outros terão para diversas disciplinas do conhecimento humano.

A ideia de talento é mito. Aquela/aquele que se esforça, estuda, trabalha e exercita terá sucesso.

Pode demorar um pouco mais, um pouco menos. Assim como no processo de alfabetização, alguns saem na frente e aprendem antes; outros, com mais dificuldade, fazem um trajeto mais longo, mas todos chegam!

Olhe todos os dias para as suas alunas e alunos como aquelas e aqueles que irão conseguir! Como um baú de talentos. Mesmo que, à primeira vista, possa ser difícil olhar para aquele bando de pessoas grudadas nos celulares como o futuro do mundo. Elas e eles são incríveis, e contam com você para descobrirem isso.

Augusto Boal dizia que "todo mundo pode fazer teatro, até mesmo os atores profissionais". E acrescentava que "o ser humano é o único animal na natureza que tem a capacidade de ser ator e espectador de seus próprios atos, e por isso ele pode fazer teatro, porque ele **é** teatro".

Sou fã confesso e devedor da teoria, obra e simpatia do mestre Augusto Boal, que me acompanha desde a adolescência, pois tive a sorte de ter um professor de teatro que me apresentou à sua criação. Esse professor via na sua turma mais do que adolescentes... via talentos, futuros. E, a partir do caminho que ele me fez vislumbrar, segui e sigo até hoje. Um caminho ligado ao prazer, à diversão e à justiça. Adolescentes são justiceiros por natureza. Querem que tudo esteja certo. Ampliar o seu senso de justiça, fazendo com que possam olhar o mundo dessa maneira e oferecendo o teatro como ferramenta de mudança e o combate às injustiças, é o papel da professora/professor (de maneira geral) e do de teatro, sobremaneira.

Na bibliografia deste livro você irá encontrar sugestões de títulos do Boal e de outras autoras e autores que poderão ajudar a formar a sua biblioteca sobre teatro necessária para embasar as suas aulas e sua trajetória como professora/professor e como pessoa.

O título deste capítulo, "Não existe talento sem trabalho", também vale para você! Quando você começar a andar no piloto automático, parar de planejar ou pensar suas aulas, repetir fórmulas de um ano a outro, é sinal de que está na hora de voltar a estudar, frequentar uma oficina, repensar sua maneira de dar aulas. Se você confiar demais no talento, é porque está faltando trabalho, ao mesmo tempo que, se você confiar demais no trabalho, irá sobrar talento. Pois as duas coisas andam juntas, e uma existe em decorrência da outra.

Rolê, de Tuna Serzedello
Encenação da Cia. Arthur-Arnaldo
(Foto: Edson Kumasaka, 2015)

FAZER TEATRO É CARREGAR COISAS

Essa frase, que já repeti um milhão de vezes, virou meu bordão.

Atores e atrizes da minha companhia, quando a peça que estamos fazendo acaba e começamos a desmontar e carregar o cenário, dizem: "Agora, sim, estamos fazendo teatro".

Brincadeiras à parte, fazer teatro é mesmo **carregar coisas** – literalmente e metaforicamente: carregamos cadeiras, emoções, imagens, um texto, uma fala; somos suporte para diversas coisas que carregamos com nossos corpos, sons e movimentos.

Para fazer aquela "hora" de peça teatral, temos que carregar diversas coisas. Coisas que vemos, e estão no palco, coisas que não vemos, e que também estão no palco. Vemos o cenário, o esforço de meses de ensaios, a alegria dos jogos feitos para preparar cada uma das cenas, a costura e a customização de cada objeto, as brigas, a coerência (ou a falta dela), o compromisso.

Como são muitas coisas para carregar, precisamos de muita gente. Por isso teatro se faz em grupo. Para dividir o peso das coisas. Dividir o peso das histórias. Amplificar o som de uma única voz. Tornar tudo mais leve e gostoso para todos. Se o processo com o seu grupo não estiver leve e gostoso... **ALERTA!** Alguma coisa está errada, e pode ser você.

A maneira com que você está carregando as coisas! Veja se você não está carregando coisas de mais e tomando todas as decisões, deixando alunas e alunos sem voz. Ou se você não está carregando coisas de menos e deixando o grupo muito livre para se relacionar sem intencionalidade, sem supervisão. Você precisa encontrar o meio-termo, que é diferente para cada grupo com que você vai trabalhar. Se as coisas estiverem bem, todas e todos carregarão o peso que podem e estarão confortáveis para trabalhar, e com alegria. Assim, narrativas grandiosas poderão ser construídas com um pouco do esforço de cada integrante do grupo.

Um termômetro importante da saúde do projeto é o final das apresentações. Se nesse momento todas e todos saírem correndo com seus familiares de volta para casa, abandonando adereços e textos da peça nas coxias, algo está errado, ou você se esqueceu de avisar que a peça só acaba mesmo quando o palco estiver livre, o cenário for desmontado e todos os adereços estiverem guardados e prontos para a próxima apresentação.

Se no final da peça, você estiver sozinha/sozinho carregando coisas, não estará fechando a experiência teatral para os alunos e alunas. Ao recolher os objetos e desmontar o cenário em grupo, estamos revivendo a experiência teatral realizada e colocando as coisas – e as emoções que a peça libertou – em seus devidos lugares físicos e emocionais. Familiares, ao assistirem a esse "espetáculo" da desmontagem, podem também admirar o trabalho do grupo e o respeito que têm pelos objetos que ajudam a contar aquela história que ainda está pulsando nas suas retinas. O respeito pelo espaço, objetos e figurinos reflete a grandeza das/dos artistas e a organização do grupo.

Nada mais bonito e marcante que ver um grupo de jovens após uma apresentação desmontando o cenário da peça que acabamos de ver e nos ajudando a acomodar essas sensações no coração.

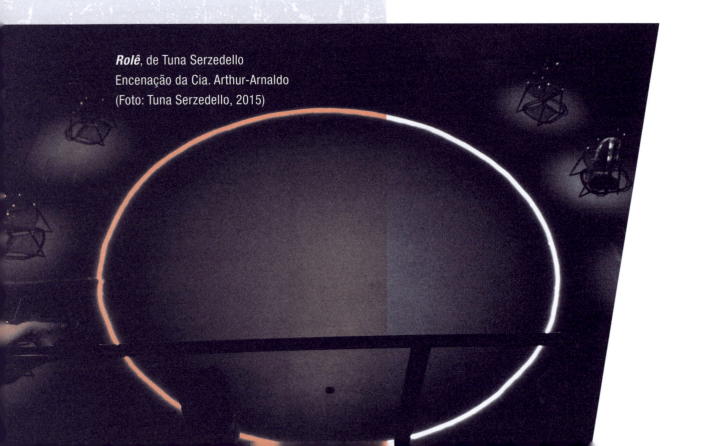

Rolê, de Tuna Serzedello
Encenação da Cia. Arthur-Arnaldo
(Foto: Tuna Serzedello, 2015)

A FORÇA DA INTENCIONALIDADE

Todo mundo gosta de saber o porquê de fazer coisas. Se você demonstrar para as alunas e alunos a intencionalidade da realização de determinado jogo ou atividade, vai ganhar pontos e aliados.

Poderá pedir aos alunas e alunos, por exemplo, que imitem flamingos pisando na lua, mas de maneira divertida e explicando a intencionalidade: "Eu vou propor esse exercício porque com isso vocês irão....'"; "Vocês estão imitando flamingos porque...."; Minha intenção com esse jogo é..."; "O que vocês irão desenvolver com essa atividade é..."

Com essas atitudes simples, você estará ganhando a turma e mostrando que sabe o que está fazendo – embora possa parecer um bobo/uma boba. É importante que o pessoal entenda suas intenções de aprendizagem, mesmo numa simples brincadeira de pega-pega.

Além de explicitar as intenções, você também começa a desenhar um futuro. Ao dizer o que você quer que eles alcancem e aprendam com aquilo, eles irão perseguir esse aprendizado e modificar o futuro deles tendo como guia aquela meta que você desenhou. Não subestime o poder da palavra. Você estará desenhando futuros.

Na peça **A máquina** da autora brasileira Adriana Falcão, a personagem Antônio viaja no tempo, vai ao futuro e, ao voltar (cuidado: SPOILER!), ninguém acredita no que ele diz ter visto naquele tempo. Mas a curiosidade (que poderia ser um dos pecados capitais) faz com que todos queiram saber o que aconteceria com elas e eles no futuro, e Antônio conta. Ou *cria* um futuro bacana para elas e eles. E, ao ouvirem sua visão de futuro, mesmo inventada, acabam gostando dessa "visão" de Antônio e fazendo exatamente o que ele disse que viu. Antônio constrói um futuro melhor, a partir de uma visão inventada, com uma intencionalidade amorosa, e que todos têm prazer em se esforçar para alcançar. Seja Antônio! Leia **A máquina**! Leia Adriana Falcão! Leia e acredite: o seu futuro será melhor! Afinal, o mundo está aí para ser mudado para melhor!

OS PRIMEIROS ENCONTROS E A CONSTRUÇÃO DO ESPÍRITO DE GRUPO
(RECONHECIMENTO E PERTENCIMENTO)

TEATRO BASEADO NA PEDAGOGIA DA EXPERIÊNCIA

CAPÍTULO

Os primeiros encontros são fundamentais para estabelecer o que você espera do grupo e o que elas e eles podem esperar desses momentos com você.

Costumo dizer que eu não ensino nada. Que teatro não se ensina, teatro se aprende, a partir da experiência. E que nos nossos encontros iremos viver juntos experiências que irão possibilitar a todas e todos, com sorte e perseverança, aprender teatro.

Teatro é um trabalho em grupo por excelência. É o lugar do diálogo. Atriz/ator é aquela/aquele que age, não uma pessoa que diz falas. Sua aula será melhor se você puder mostrar isso na prática. Fale somente o mínimo necessário. Aula de teatro é lugar para jovens se expressarem. Oriente e observe. Seus olhos serão o espelho das suas alunas e alunos.

A diretora Soledad Yunge me disse certa vez que "a diretora/o diretor é a primeira plateia do seu espetáculo. A professora/o professor *é a primeira plateia* da sua turma, e elas e eles, ao observarem a sua professora/seu professor como plateia, aprendem a estar em cena ao mesmo tempo que aprendem a ser plateia. Você, como plateia, deve ser um espelho do que você gostaria de ver em cena".

Se você quiser uma cena brilhante, divertida e amorosa, você vai ter que enxergar isso em todos os encontros! No primeiro, você vai ver apenas um relance disso, mas, com o desenrolar dos encontros e inspirados/inspiradas pelo seu olhar, os alunos e as alunas irão construir isso que você já estava "vendo" desde o primeiro encontro. No refrão da música *O seu olhar* o poeta Arnaldo Antunes canta: "O seu olhar melhora o meu", verso que exprime com exatidão o sentido do que estou querendo dizer.

Como criar esse espírito de grupo? O primeiro passo é seu. Você precisa garantir que o ambiente do grupo de teatro é um espaço seguro. Ali pode-se falar e ser o que quiser, desde que com muito respeito.

A segurança afetiva do ambiente cabe totalmente à professora/professor. E nisso você deve gastar todos os esforços: a criação de um lugar de segurança emocional e física. Ali, podem se emocionar, brigar, mas ninguém sairá ferido. Construir esse espaço é relativamente simples, você precisa ser o exemplo e lembre-se: atriz/ator é aquela/aquele que age! Não apenas fale sobre, **seja**. Seja esse respeito. Seja a fortaleza emocional que suas alunas e alunos esperam. Olhe para cada uma delas e cada um deles, perguntando-se onde está a fraqueza que ela/ele esconde? E é essa fraqueza que você precisa proteger, dando ferramentas para ela/ele ter consciência dela e superá-la.

Como fazer isso? Colocando-as/os para trabalhar e construir essa confiança umas nas outras, uns nos outros. Elas e eles não precisam ser amigas/os entre si, mas confiar nas outras e nos outros. É muito importante saber que as outras/os outros que estão ali não irão julgar, zoar, nem fazer nada de ruim a partir do que for realizado naquele ambiente. É importante que você diga que aquele espaço é um laboratório e as aulas, um lugar para errar e se divertir com os erros. Improvisar nada mais é do que assumir o erro; afinal, se algo é improvisado é porque não é certo e, se não é certo, não pode estar errado. No teatro, assim como nas outras linguagens artísticas, não existe o errado. Há o experimento, o porvir, a utopia, o desafio, a busca pelo novo, pela nossa voz – que é única! Os erros ajudam a descobrir nossa linguagem, o que queremos dizer e como fazê-lo.

Decore essas duas palavras: *reconhecimento* e *pertencimento*. Tatue-as no coração. Elas são a chave do trabalho e tudo o que queremos na vida. Pense em você mesmo com relação a esse grupo de teatro, ou qualquer outro. Não é tudo o que você quer? Ser reconhecida/o por todas e todos como pessoa importante? E com isso ser aceita/o e ter o seu lugar no grupo?

Essas palavras são emprestadas da teoria da *disciplina positiva*, conceito criado pela pesquisadora estadunidense dra. Jane Nelsen com base nos estudos dos psicólogos Alfred

Adler e Rudolf Dreikurs (se você se interessar, os livros dela estão na bibliografia recomendada deste livro). Essa teoria se aplica mais à educação familiar e formal, mas sua visão de como adultas/os enxergam crianças e jovens me fez repensar algumas práticas.

O que realmente me interessou nesse conceito foi a ideia de "reconhecimento e pertencimento", que é o que dá foco à aluna/ao aluno e paz à/ao jovem de que está no lugar certo, de que "se encontrou". Isso tem uma relação próxima com a ideia de grupo.

Em um grupo harmônico, as/os integrantes vivem uma experiência de reconhecimento e pertencimento e fazem tudo para estar naquele lugar, para sentir-se bem. Você, como organizador/a do grupo é quem deve dar o tom de que aquele é um lugar de reconhecimento, mas sem transformá-lo em uma seita ou algo do gênero. Não estou falando de transcendência ou algo sobrenatural. Apenas de respeito e de confiança. Você tem que acreditar muito fortemente que aquelas/aqueles jovens do seu grupo são as/os melhores que poderia ter e que aquela combinação de pessoas que se apresenta à sua frente é a ideal para o trabalho que você irá realizar. Agora, só falta decidir o trabalho a ser feito, mas com certeza será incrível, já que você decidiu que o será!

Outra coisa importante da disciplina positiva é que as/os jovens são responsáveis por suas escolhas, mas dentro de limites. Eles devem escolher com base no que já sabemos ser possível realizar por elas e eles, um passo por vez. Nada menos pedagógico que o grupo de teatro se colocar um desafio tão grande, irrealizável ou mal realizado ao custo do desgaste da relação entre seus integrantes. Não é esse o objetivo de fazer teatro em uma escola ou com um grupo independente de jovens. O objetivo é a aprendizagem a partir da experiência, mas uma experiência possível. Elas e eles podem se frustrar, é claro, porém com segurança.

Mas o grupo tem que fazer suas escolhas! Temos que ensiná-lo a experimentar e fazer escolhas. Assumir desafios e suas consequências. Antecipar os problemas. Planejar. Mudar de rota, se necessário. Persistir. Criar estratégias para chegar ao objetivo. Assim, estimularemos as/os jovens a serem protagonistas de suas próprias histórias.

Como fazer isso? Com opções limitadas. Elas e eles irão escolher com base nos caminhos que você apresentar. Podem fazer escolhas prevendo minimamente as consequências delas. Por exemplo, se optarem por uma criação coletiva, quais serão os desafios, os passos a serem dados, o comprometimento de cada um do grupo... Assim, quando escolherem "fazer uma criação coletiva", já saberão o que as/os espera e estarão preparadas e preparados coletivamente para lidar com os desafios que virão pela frente. Se escolherem uma dramaturgia, que possam ler e aprender sobre a autora ou autor, a época, as personagens, as adaptações necessárias, o tempo para ensaiar com qualidade. Dessa forma, poderão fazer uma escolha consciente do tamanho do desafio.

"Vibramos como artistas ouvindo acordes únicos, estruturados de maneira única. Por meio da unicidade chega-se, por analogia, a um novo *conjunto* imaginário – o daquelas pessoas que alguma identidade não racional, mas racionalizável, sentem com tais acordes [...] O *eu* se transforma em *nós*. Em nós, *descobrimos a descoberta*, aquela que fez o artista. Quando somos capazes de dizer *nós*, descobrimos o nosso verdadeiro *eu*."★

★ Augusto Boal: Conjuntos analógicos e conjuntos complementares – Uma teoria para o teatro subjuntivo. In: _____. *O teatro como arte marcial*. Rio de Janeiro: Garamond, 2003.

AS DUAS RUPTURAS:
A ESCOLHA DO TEXTO E A DIVISÃO DE PERSONAGENS

O grupo está indo bem. Você fez acertadamente toda a introdução ao trabalho coletivo. Divertiu-se com elas e eles nos jogos. Criou um espírito de grupo baseado em *reconhecimento* e *pertencimento*. Está tudo indo às mil maravilhas, mas precisam escolher um texto – ou uma criação coletiva – para encenar. Você já fez a sua lição de casa, selecionando, como curador/a, um museu de afetividades, textos teatrais que irão desafiá-los/las e uni-las/los como grupo. Tem também escondido na manga o planejamento para uma criação coletiva, caso esse tema venha à tona. E chega o dia de apresentar isso ao grupo.

Vocês precisarão se despedir de um processo que está bem aberto e começar a "fechar" em torno de uma ideia. Afinal, todas/todos vão fazer o texto, terão um papel importante na peça. As expectativas estão controladas até agora, mas chegou o momento da… "escolha da peça".

Descrevo esse momento como A PRIMEIRA RUPTURA. Ou a mudança nas regras do jogo.

Até agora estava tudo bem. Todos e todas livres, poucos **"não"**, muitos **"sim"**, muito encorajamento. Agora, o primeiro **"não"**. Nunca vivenciei um processo em que **TODAS/TODOS, 100%**, ficassem extremamente felizes com a peça escolhida, sempre existe algum "porém", alguém que preferia outro texto, um que achava que deveríamos fazer uma comédia, outra que o grupo não está maduro para fazer um drama, outra que acha que sempre fazemos comédias! Há aquelas pessoas que querem um musical – de preferência, aquele que acabou de passar no cinema –, mesmo que ninguém do grupo goste de cantar ou dançar, nem saiba tocar nenhum instrumento.

Claro! Não podemos esquecer das/dos "profetas" que dizem que "nada vai dar certo, com esse grupo, com essa peça". Aquelas/aqueles que acham que a peça é ótima, mas "não para este ano!".

A coleção de desculpas e lamentos é grande, e eu já ouvi de tudo. Mas uma coisa é certa: a decisão do grupo é soberana. E deve ser respeitada! Uma vez escolhido um caminho, uma peça ou uma escrita coletiva: "é esse o caminho que eu queria!"; "eu vou amar fazer isso!", é o momento previsto pelo Boal em que o "eu" se transforma em "nós". (E aí começam os verdadeiros nós!) Uma decisão soberana é soberana, a menos que – mais adiante no processo – o grupo decida, soberanamente, que errou e quer desistir da peça – aí você já deve ter sempre um plano B na sua cartola, pois tudo pode acontecer, é bom que aconteça, e você estará preparada/o!

Algumas dicas para guiar a escolha de um texto, ou uma escrita coletiva

1. Dê elementos que tenham experimentado durante encontros prévios e possam escolher entre os diversos modelos dramatúrgicos: teatro épico, realista, narrativo, documental, absurdo etc... Se elas e eles souberem minimamente quais são as características dos textos apresentados, quando você chegar com as peças, será mais fácil escolher. Facilite a sua vida. Se pretender apresentar peças do teatro do absurdo, prepare um encontro temático sobre isso e use-o como termômetro para saber se eles e elas se interessam, ou não, por esse modelo dramatúrgico.

2. Faça uma "feira" de textos, leve-os impressos ou em formato eletrônico para ler junto com o grupo projetados na tela da sala. Uma das minhas práticas é "gongar" textos: coloco um sino (ou gongo) na sala e, quando alguém não estiver interessado no texto, levanta-se, toca o sino e "gonga" a leitura, sem dar explicações, e simplesmente passamos à leitura de outro texto. Passada a diversão de gongar os textos iniciais, começam as leituras mais profundas. A dica é iniciar a leitura por textos que você já pressente que serão gongados, de menor interesse do grupo; assim, eles testam o modelo, se divertem e ficam com o espírito aberto para as próximas leituras. A experiência de gongar também serve como isca para aumentar o repertório cultural do grupo. Aproveite esse momento. Sabendo que os primeiros textos serão gongados, e que isso servirá de aquecimento para chegarmos

àqueles que realmente serão os escolhidos, aproveite para trazer coisas diferentes, pelas quais alguns/algumas deles/delas poderão se interessar e pedir depois para ler. Salvas pelo gongo! Tragédias gregas, por exemplo, são difíceis de serem montadas por grupos de jovens, e até de serem lidas, mas nesse momento pré-gongo lerão com atenção, e alguém sentirá vontade de ler até o final. Pronto! Você ganhou mais uma leitora, mais um leitor.

3. Todas e todos *devem* ler o texto, para que sintam as palavras escritas nas próprias bocas. A leitura deve ser compartilhada. Não deixe uma aluna/um aluno ler por muito tempo, alterne os leitores e as leitoras para manter o interesse e desperto o pessoal. Não importa que uma menina leia um papel masculino, ou vice-versa. Peça-lhes que leiam em coro trechos que você achar importantes, ou as rubricas.

4. Não menospreze nenhum texto. Ao contrário, valorize todos! É difícil escrever uma obra teatral! E todos os textos foram escritos com um propósito em suas épocas. Eles são como sementes que estão à espera de terra fértil para florescerem. Pode ser que o seu grupo seja esse solo que aquele texto está aguardando, ou não. Lembre-se de que um texto que vocês acharem ingênuo hoje, no ano que vem pode ser a escolha certa. Textos teatrais têm muito a ver com o momento histórico em que são encenados. Vocês precisam estar atentos para escolher um texto sintonizado com o momento interno do grupo e externo da história. Vocês saberão quando encontrar um texto assim. Será a escolha certa da maioria.
Importante: ao gongar o texto, agradeçam ao autor ou à autora por tê-lo escrito! Assim se constrói um respeito também às escolhas e ao legado que nos foi dado pelas gerações passadas. Digam (de preferência em coro): "Obrigado, William Shakespeare, por ter escrito *A megera domada*, mas neste momento ela não será a nossa escolha. Até breve!"

5. Problematize com o grupo as questões que podem surgir da escolha de cada texto, por exemplo:
- Com relação ao número de personagens: "Se montarmos esse texto, teremos que ter mais de uma atriz representando o papel X, tudo bem?"
- Acerca da duração da peça: "Esse texto é muito longo e não teremos tempo para ensaiar, uma montagem na íntegra será superior ao nosso tempo de aula, não poderemos nem passar um ensaio geral em uma aula".
- A respeito de possíveis adaptações: "Se precisarmos fazer uma adaptação do texto, quem irá fazer?" "Se tivermos que fazer muitas adaptações ou cortes no texto, não será melhor escolher outro para montar?"

▶ No que concerne ao gênero das personagens: mudanças nos gêneros das personagens também são possíveis e devemos problematizar o significado de cada uma delas. Qual leitura o público terá se, ao representar *Sonho de uma noite de verão* de William Shakespeare, atrizes representarem os papéis masculinos, e vice-versa?

6. Questões espaciais também devem ser levantadas nesse momento. Como vocês pensam realizar essa peça espacialmente? Vamos fazer em um palco italiano? Plateia frontal? Poderemos usar a configuração de teatro de arena? E se fizermos uma peça itinerante? É possível encenar no pátio da escola, como teatro de rua? Não é necessário dinheiro para construir cenários, mas criatividade para encontrar as soluções com os nossos recursos.

7. O que estamos dizendo para o mundo ao escolher montar essa peça agora? Toda escolha é política. "Teatro é um ato político", diria Augusto Boal. Não estamos falando de política partidária, mas de um discurso elaborado por alguns para um grupo maior. As escolhas de *como* fazer e, principalmente, *o que* fazer dizem muito sobre o grupo. É preciso pensar sobre isso coletivamente. Não evite os temas que os/as adolescentes querem discutir, mas reflita com eles e com elas que a primeira plateia da peça será formada por mães, pais e familiares: ele/ela quer ser visto/a pelo pai, pela mãe ou pelas avós dessa forma? A apresentação da peça é o gatilho para uma conversa em casa, e isso pode ser bom ou ruim, mas não ignorado. É importante saber que a montagem do texto irá pautar uma conversa profunda na casa das jovens e dos jovens, e precisamos pensar e falar sobre isso antes da escolha da peça. Se se escolher uma peça com um tema "de risco" – leia-se como "risco" aqueles que irão gerar uma conversa desconfortável para as jovens e os jovens em suas casas –, você precisa preparar o grupo para poder "defender" a peça dos ataques que eles/elas sofrerão após a apresentação. Um exemplo: uma vez, fizemos uma montagem que as alunas e os alunos amavam e na qual queriam muito dizer aquelas palavras. Era um texto sobre identidade de gênero. Muitos/as integrantes do grupo queriam falar sobre o tema, assumir sua sexualidade e discutir esse assunto com mães, pais, familiares, amigos e amigas. A peça era o pretexto perfeito para provocar essa conversa. Mas, no início do processo, não tinham a maturidade para defender essa escolha perante outras pessoas. Nesse percurso, acrescemos aos ensaios um estudo aprofundado sobre a questão, desde trazer especialistas para conversar com eles, propondo o estudo de textos e filmes sobre o assunto e simulando um debate pós-peça, até prever como seriam as reações em casa, com as possíveis perguntas espinhosas e preconceituosas. Ao final do processo, o preconceito veio, mas o grupo estava preparado, com propriedade e maturidade, para discutir com profundidade as questões.

8. Se a escolha for uma criação coletiva, é preciso deixar bem definidos os papéis e as regras desse processo:

- Alguém irá escrever o texto no papel? É importante que isso seja feito!
- Serão feitas improvisações sobre um tema específico?
- O que irá ligar a história? Qual elemento dramatúrgico fará a ligação entre as cenas? Uma personagem? Faremos a ligação por décadas? Teremos uma peça "escondida", ou seja, usaremos a ordenação dramatúrgica de outra peça e suas sequências de acontecimentos para contar a nossa história? (Um bom exemplo pode ser a peça **Hamlet**: na primeira cena, aparece um fantasma que conta uma "verdade", e assim por diante, até o duelo final – a Disney achou essa ideia boa e fez um filme [**Rei Leão**] com a estrutura da história de Shakespeare "escondida" no reino animal.) Por isso, é importante conhecer várias estruturas dramatúrgicas para poder escolhê-las e mesclá-las. Podem fazer uma versão de **O avarento** de Molière com insetos! Assim, não teremos gêneros diferentes, mas diferentes artrópodes! Vocês podem fazer uma criação coletiva que seja meio *Hamlet*, meio *Chapeuzinho Vermelho*, e misturar duas narrativas que conhecem bem. Ou o tema que liga as cenas pode ser aleatório? Certa vez, fizemos com um grupo de adolescentes uma criação coletiva na qual a ligação entre as cenas era a de que o "protagonista" era uma geladeira. Com isso, pudemos falar sobre a frieza das relações humanas. Criamos a peça a partir de improvisações que eram transcritas ao final de cada aula e que ganhou o título de *Não esquenta*. Pode-se ainda fazer uma colagem de cenas das quais alunas e alunos gostaram com um recorte específico e colocá-las em uma sequência que faça sentido para o grupo. Seguem algumas ideias:
- cenas do teatro brasileiro;
- cenas do teatro do absurdo;
- cenas de Augusto Boal;
- cenas cômicas de diversas épocas;
- a história do teatro contemporâneo em cenas agrupadas por décadas;

- cenas de peças clássicas;
- cenas em duplas;
- cenas que vão somando os integrantes no palco: cena 1 – um monólogo; cena 2 – uma cena em dupla; cena 3 – em trio, até termos todo o grupo em cena;
- cenas com personagens homens escritas por mulheres ou cenas de mulheres na obra de dramaturgos homens.

A **SEGUNDA RUPTURA** da harmonia do grupo virá com a "divisão de personagens". É outro clássico das dinâmicas dos grupos com jovens. Você fez tudo certo, escolheu o texto com todo o grupo, deu chance para todas e todos fazerem de tudo, estão amando e defendendo a peça como ninguém, mas aí chega o momento: quem irá, de fato, falar qual fala, representar qual personagem? Aí virá a segunda ruptura.

COLOQUE A CABEÇA PARA FUNCIONAR, MAS DEIXE AS ALUNAS E ALUNOS FELIZES COM A ESCOLHA!

Serão levantadas possíveis "preferências", "marmeladas", pessoas que acham ter mais "talento" para determinado papel, outros que contam quantas falas terá a menos que os colegas... tudo é possível, mesmo em retrocesso a tudo o que o grupo conquistou até agora. Nesse momento poderá existir uma regressão. Voltar às ideias preconcebidas que as/os jovens têm sobre "fazer teatro". Todos os filmes estadunidenses sobre teatro no *high school* voltam ao imaginário delas e deles, com potencial para serem criados enormes desentendimentos, que poderão ser barulhentos ou silenciosos. Vamos discutir as estratégias possíveis nessa fase do processo e seus benefícios e malefícios.

COMO DIVIDIR OS PAPÉIS EM UMA PEÇA ENCENADA POR JOVENS E ADOLESCENTES?

Ao ler cada uma das opções apresentadas aqui, você pode chegar à conclusão de que não há nenhuma opção boa. O que é verdade, mas qual seria aquela que se adapta melhor ao grupo? Pense sobre isso.

1. *O grupo divide os papéis* – Acredite que o seu grupo amadureceu. Seus integrantes já são responsáveis, serão justas e justos e escolherão da melhor maneira. É verdade. Elas e eles irão pesar, talvez melhor do que você, um critério de justiça importante: a dedicação e presença para que o trabalho aconteça. Também serão menos influenciáveis por fatores externos, como pressão de mães e pais ou de outras professoras e professores por expectativas de desempenho de determinadas alunas/alunos, mas haverá interferência de amizades e questões internas do grupo. E lembre-se de que elas e eles buscam justiça. Serão mais rígidos/as, e isso poderá levar à exclusão de alguns/algumas colegas.

2. *Você divide os papéis* – Geralmente, essa é a preferência do grupo. Assim, todos/todas ficarão descontentes somente com você, porém em paz com os pares. Essa decisão vem mascarada pelo argumento de que você é a/o mais experiente, "especialista". Portanto, você é professora ou professor e deve definir, e eles/elas, como aprendizes, irão acatar e trabalhar da melhor maneira pelo que você decidir. Afinal, você "sabe o que cada um de nós precisa para melhorar em cena e vamos aceitar de coração a sua decisão". Mentira! Elas e eles irão culpar você pelas decisões até o último minuto.

3. *Uma "audição" decide* – Alunas e alunos se preparam para representar o papel desejado e uma "banca" decide que personagem cada uma/um delas/deles deverá fazer a partir da performance naquele teste. Dessa maneira, todas/os têm chance, pois só "depende da dedicação de cada um/uma". Essa versão soma os problemas das duas outras opções e acrescenta novos. Primeiro, quem irá formar essa "banca", além de você? Outras alunas e alunos que também querem os mesmos papéis? Outras professoras e professores que não conhecem o processo desse trabalho e irão "escolher" com base em uma performance de um minuto? No final, a decisão será acatada, pois houve uma "meritocracia", mas você promoveu uma mutilação na autoconfiança dessas alunas e alunos e criou uma desordem emocional com o combustível da competição, que deveria ser algo a ser deixado de fora em um grupo que deveria prezar pela colaboração mútua.

4. *Alunas e alunos anotam suas preferências e você escolhe com base nelas* – Aqui também temos o problema de todas/todos quererem os mesmos papéis e aquela/aquele aluna/aluno que você gostaria que desempenhasse determinado papel, mas que é superempática/o, escolherá outro para si, pensando em beneficiar as/os colegas que também querem aquele papel. Essa situação fará que você tenha enorme dificuldade de agradar a todas/todos, pois muitos/muitas abdicarão do papel para agradar às/aos outras/os e se ressentirão depois.

5. *Os papéis serão sorteados ou decididos em jogos cênicos* – Essa opção é bacana, pois coloca um elemento do "destino" na escolha dos papéis; afinal, "na vida real", desempenhamos papéis que nós escolhemos e somos atrizes/atores do nosso próprio destino, ou desempenhamos papéis porque somos confrontados com eles pela vida? Nessa opção, a questão "justiça" desaparece, mas podem questionar a adequação e a sua função como diretora/diretor; afinal, para que serve a sua presença se o "destino" escolhe os papéis?

6. *Todos fazem todos os papéis* – Nessa opção, todos decoram todos os papéis e, como em um jogo, decide-se na hora da apresentação quem fará o quê. Esse critério dará muito trabalho, pois você terá que ensaiar todas as possibilidades – será insano, mas muito rico para todos, se você tiver tempo para isso durante as aulas. Pode ser também que a dinâmica dos ensaios fique um pouco chata e, durante esse processo, o próprio grupo decida que fulana/fulano é a melhor opção para determinado papel, e aí a escolha será feita posteriormente, de maneira mais madura, ou por falha das outras/outros, que por preguiça, ou outro motivo qualquer, não decorarem os papéis, como disseram que iriam fazer.

7. *Quem vier à aula estará em cena* – Uma opção interessante para garantir presença nas aulas – quando elas não forem obrigatórias, claro! – é começar a ensaiar as cenas, uma em cada encontro, e quem estiver presente estará naquela cena. Isso funciona bem em peças que não têm personagens definidas, ou quando se decide que as personagens serão feitas no esquema "coringa". Já fiz isso dividindo as falas na hora do ensaio: "Você entra e fala isso. Agora você responde"; ou perguntando: "Quem quer falar isso?"; ou ainda por afinidade: "Você, que gosta de esportes, poderia falar esse trecho sobre a natureza", "Você, que gosta de literatura, poderia recitar esse poema". Ou ainda por opostos: "Você, que não gosta de literatura, recita o poema". Essa opção é mais viva e divertida, e ainda tira das alunas e alunos o trabalho de decorar os textos; afinal, só poderão decorar depois da aula. Mas, na maioria das vezes, após o encontro, esse texto já estará na ponta da língua.

Como pode ver por esse pequeno levantamento, não há maneira fácil, você apenas escolhe quais serão os problemas que vai querer enfrentar. Boa sorte!

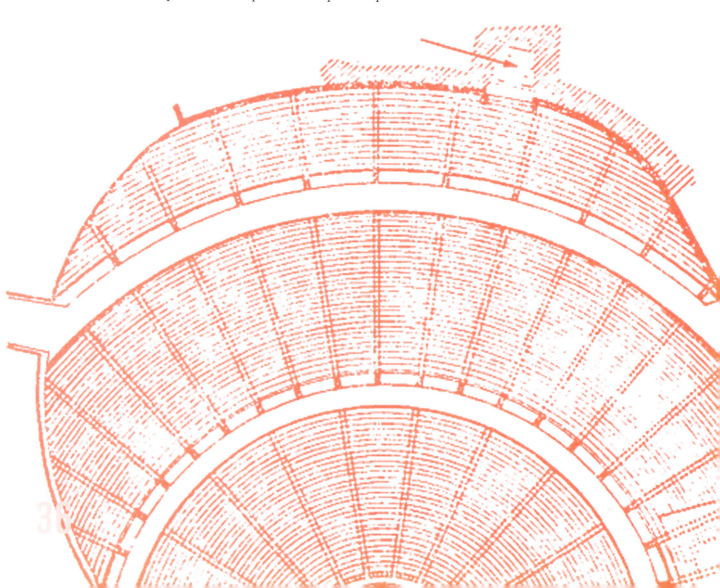

POR QUE FOI UMA MERDA?
SINCERIDADE COM HUMOR E SEM AGRESSIVIDADE

É importante ser sincero com os alunos e alunas. Mas uma sinceridade que os/as faça querer melhorar, superar, criar mais. Uma sinceridade que não paralise, não humilhe ou os/as faça sentir diminuídos/as.

Os encontros teatrais têm que ser divertidos. Não é um espaço para acertar. Mesmo porque é difícil, em teatro, dizer o que é certo ou errado. Mas sempre percebemos quando uma cena funciona ou não funciona. E isso precisa ser dito, de maneira amistosa, sincera e divertida. "Eu sempre uso a frase: "Por que foi uma merda?", ao final de uma apresentação que notadamente não funcionou. Os alunos e alunas sabem que não foram bem, a plateia reconhece que não foi lá essas coisas... então, é preciso dizer. Ou, às vezes, não é que não foram bem, mas é que a proposta era fazer uma cena dramática e a plateia rolou de rir. Deixe claro que você está falando **sobre a cena** e **não sobre as pessoas que estiveram nela**! Mas essa frase só pode ser usada nesse contexto, de que todos sabem que não rolou. E num clima de total cumplicidade e confiança. De outra forma, você irá ferir sentimentos e causar o oposto do pretendido. Sempre que as pessoas nos criticam, começam fazendo elogios para lá pelas tantas dizerem: MAS... e aí começarem de fato a dizer o que pretendiam logo de cara. O resultado é que você fica com essas últimas palavras na cabeça, em vez de ouvir elogios ou acertos. Prefiro inverter a situação: falar primeiro o que não funcionou por isso e aquilo e aquilo outro. E depois, e sempre, elogiar algo na representação, nem que seja a coragem de levar até o final uma cena que não iria a lugar nenhum! Ou dizer: "Que bacana que isso aconteceu no ambiente seguro da aula", pois assim vão saber como sair dessa situação em uma peça com público. Apontar sempre ao final de cada cena e de cada exercício uma qualidade de cada um/uma dos/das intérpretes. "Gostei de ver isso" – apontar algo palpável e real – "em você, e acho que deveria se dedicar mais a aprimorar tal ponto" (a dicção, a movimentação, por exemplo). Aí você constrói algo possível para você mesmo no futuro quando poderá dizer: "A cena no geral pode ter ficado quase uma merda, mas vocês repararam como a dicção da fulana melhorou? Como ela está sabendo se colocar melhor em cena?"

Não se esqueça de sempre pedir *um grande aplauso de encorajamento!* Assim, você envolve aqueles/aquelas que estão assistindo à cena e foram beneficiados/as pelos "erros dos que vieram antes deles". Lembra "que estamos todos no mesmo barco, nos encorajando a fazer grandes conquistas, grandes descobertas, e prontos para aplaudir e encorajar os outros e as outras, mesmo nos momentos mais difíceis". Você pode também exortar uma turma a agradecer os ensinamentos recebidos após uma "cena ruim".

Os alunos e as alunas são suas joias. As coisas mais importantes que existem no mundo naquele momento. Observe-os, observe-as, sempre com atenção e carinho. Veja o melhor neles e nelas, aquilo que ainda não existe ali naquele momento, mas que eles e elas lutarão para conseguir alcançar e que você já está vislumbrando. Eu já vi isso acontecer muitas vezes. Acredite neles. Acredite nelas. Acredite em você. Tudo começa com um olhar. Uma maneira de olhar.

JOGAR JUNTO, SEMPRE!
A DIVERSÃO COMO FORÇA PARA CRIAR LAÇOS

QUEM CONDUZ SEMPRE JOGA JUNTO.

Isso faz a diferença. Estão todos correndo o mesmo risco, com o mesmo grau de exposição. Mas lembre-se de que você *não* é um deles/delas! Quem conduz e joga mostra o que se espera daquele jogo, o respeito às regras. Estar junto elimina a ideia de que você é um "olhar de fora", alguém que está lá para julgar. Você está dentro do grupo e faz parte desses momentos. Divertir-se com o grupo fortalece os vínculos afetivos e a confiança no seu trabalho.

Entretanto, estar junto em jogos, aulas e dinâmicas não significa que você é da turma.

É preciso que você e eles e elas saibam disso. Irão te convidar para festas, beber (é crime com menores de idade!), sair, conversar... não vá! Você já não é adolescente. E é importante que eles e elas saibam disso. Fale. Deixe claro. Agradeça. Mas não vá. Os laços que vocês criaram não ficarão estremecidos, permanecerão no lugar certo, que é a sala de ensaio, e o lugar da criação artística. Tudo o que ultrapassar isso vai para o nível terapêutico, que é outro ramo de especialidade humana, não o teatro. Não se meta a ser terapeuta dos seus alunos, das suas alunas. Todos irão se machucar com isso. Se você perceber que a conduta de algum jovem, de alguma jovem, está indo para algo com que você não sabe lidar, peça ajuda.

Um professor, uma professora de teatro pode causar muitos danos a um/uma jovem se achar que é um super-herói, uma super-heroína que pode resolver tudo. Você pode, na ficção. Na vida real, peça a ajuda das/dos superterapeutas, orientadores/as, mães e pais.

A professora doutora Marina Marcondes Machado tem estudos, que eu admiro, sobre o "professor performer". Diz ela – e eu concordo – que o professor, a professora, interpreta uma personagem a cada aula, de acordo com os seus objetivos. Não tem aqueles professores, aquelas professoras que você olha na rua e acha sem graça, mas em sala de aula são charmosos, charmosas e interessantes? Eles e elas estão interpretando!

Sabendo disso, a professora Marina Marcondes Machado nos ensina a usar isso a nosso favor. Escolha uma personagem e use-a sem moderação! Hoje serei o **"bravo"**, a "brava"; ou o "louco", a "louca"; ou o "sério", a "séria"; o/a "especialista"; o "revoltado", a "revoltada", que não concorda com aquilo que está ensinando. **"Hoje eu vou falar sobre Stanislavski, mas eu não gosto dele. Não concordo com nada que ele disse"**, por exemplo.

Escolha uma personagem por aula/tema e divirta-se! Lembro-me de algumas personagens que criei e com as quais me diverti muito. Por exemplo, na montagem que fizemos, em uma escola, de *Terror e miséria do III Reich*, de Bertolt Brecht, em alguns ensaios assumia um general. Iniciava os encontros sempre com um aquecimento "de exército" (inventado, pois eu nunca servi o exército, era só pela forma como os exercícios eram realizados) e falava sempre aos gritos, dando ordens.

Quando montamos a fábula italiana *La Befana*, assumi o papel de um guru que estava sempre com um "manto sagrado", que era, na verdade, um lençol de criança que fazia parte do cenário e eu me enrolava nele para assistir às cenas, e quando tinha que tomar decisões "perguntava" ao manto sagrado, me escondendo no lençol, até ter o que dizer. Fazíamos um ritual de dobrar o manto ao final de cada ensaio, em que todos beijavam o lençol em agradecimento a mais um ensaio. E assim houve muitos outros encontros divertidíssimos.

O professor, a professora também se divertem! **SE O PROFESSOR E A PROFESSORA SE DIVERTIREM, OS ALUNOS SE DIVERTIRÃO!** Escolha a sua personagem e jogue com eles/elas!

Os Pés Murchos x Os Cabeças de Bagre, de Tuna Serzedello
Encenação da Cia. Arthur-Arnaldo
(Foto: Ana Helena Lima, 2014)

"DIRIGIR" AS PEÇAS DOS ALUNOS

> **NÃO É SOBRE VOCÊ! NÃO É O LUGAR DA SUA REALIZAÇÃO ARTÍSTICA! É O LUGAR DA PEDAGOGIA DA EXPERIÊNCIA. ALUNOS E ALUNAS DEVEM SER PROTAGONISTAS.**

As peças escolares ou com grupos de amadores podem (e devem) ter um excelente nível artístico e acabamento técnico esmerado. A melhor trilha sonora, iluminação, figurinos e maquiagem. Mas isso não pode ser maior do que as intenções pedagógicas.

Se houver sofrimento, desconfie que o caminho adotado não é o correto. Nem você, nem os alunos e alunas podem sofrer. Teatro tem que ser o lugar do prazer, da descoberta, da diversão – sem ser recreação! Com objetivos de aprendizagem de uma linguagem artística, suas regras, seus métodos, seus teóricos. Lembre-se de que esse não é o lugar da sua realização artística como diretor ou diretora teatral. Se você quer ser um diretor ou diretora arrojado/a que quer mudar os rumos do teatro brasileiro, faça isso profissionalmente (ou mesmo amadoristicamente), mas sem menores de idade sob sua responsabilidade.

Além de ser uma pessoa especial, para trabalhar com crianças e jovens, você precisa conhecer o Estatuto da Criança e do Adolescente (ECA) e seus mecanismos de proteção à infância e à juventude. Guiado por esse documento, você estará bem acompanhado para não cometer erros. Já vi muitos espetáculos em que o diretor/diretora sobe ao palco, no início, para "apresentar" o trabalho e ao final para receber os aplausos e "explicar" o porquê das decisões cênicas e como ele, ou ela, foi genial nas suas escolhas. Não faça isso. Fica evidente que quem queria estar no palco é você e não os/as jovens. Quem precisa de reconhecimento são eles e elas. O reconhecimento do seu trabalho se dará por meio do sucesso deles e delas, e a sua ausência do palco só tornará mais visível o quanto você se preocupa com eles e elas.

Se houver um debate ao final da peça, prepare os/as jovens para que eles/elas possam conduzir a conversa, prepare-os/as para responder às perguntas mais banais e às mais espinhosas e sente-se na plateia (ou fique ao lado deles encorajando-os) e, então, saboreie o protagonismo deles e delas. É para isso que você trabalhou tanto, para que eles e elas brilhassem e pudessem colher os louros do que fizeram, com a sua ajuda, é evidente, mas, se não der o espaço para eles, você não os/as emancipará e os/as fará dependentes da sua presença-onipresença.

Teatro na escola abre portas, mentes, não cria dependências, cria atores, atrizes, no sentido em que diz Augusto Boal: aqueles e aquelas que agem.

Vi muitos espetáculos com jovens em que me senti mal pelos alunos e alunas em cena. Como o professor/professora os colocou em situações tão constrangedoras? Por que estão tão expostos, tão expostas? Desde corpos até almas. O papel do professor, da professora, é criar o ambiente seguro para que os alunos e alunas se arrisquem, transgridam e façam suas conquistas com segurança. Que os/as deixe com vontade de fazer mais. Não podemos colocá-los/las em risco.

Coro dos maus alunos,
de Tiago Rodrigues
Encenação da Cia. Arthur-Arnaldo
(Foto: Tuna Serzedello, 2014)

A IMPORTÂNCIA DA AUSÊNCIA

COMO ESTAR PRESENTE SEM ESTAR LÁ?

COMO CRIAR ESPÍRITO DE RESPONSABILIDADE SEM VOCÊ?

Os alunos e alunas estão muito animados e animadas com a montagem, você está fazendo um ótimo trabalho. Agora, eles e elas só conversam entre si usando trechos dos diálogos da peça – que parecem encaixar em todos os momentos da vida real –, se chamam pelos nomes das personagens e querem ensaiar mais. Cobram de você mais horas de ensaio, encontros extras, intermináveis mensagens em grupos de WhatsApp no meio da noite. Excelente, está funcionando!

Hora de você dizer: façam os encontros que quiserem, organizem-se para os novos ensaios. Deixe alguns desafios e não vá. A sua ausência é pedagógica.

Além de eles e elas saberem que você não pode estar disponível vinte e quatro horas, precisam sentir a sua falta (e a sua presença anímica). Ao reencontrá-los, reencontrá-las, você deve elogiar e manter as coisas novas que foram criadas para que eles e elas sintam que valeu a pena perseverar e ensaiar. O aprendizado que você vai deixar, além de emancipatório, será empoderador.

Eles e elas precisam perceber que podem criar sozinhos e que, na verdade, durante esse tempo todo, eles e elas criaram sozinhos, e você apenas os/as orientou. E essa orientação pode ser na hora, presencialmente, ou na semana seguinte, depois de um encontro sem sua presença.

Estimule esses momentos e veja o que acontece quando você não está: alguém assume o seu papel? Eles e elas se distribuem de maneira equânime? Brigam? Precisam de mediação? Você não poderá ignorar o que aconteceu no encontro sem sua presença e conversar sobre isso, até revendo a sua posição dentro do grupo. O que funciona melhor com você, e por quê? O que funciona melhor sem você? Assim, você amadurece a sua relação com eles e possibilita um crescimento de ambas as partes.

A APRECIAÇÃO DE ESPETÁCULOS

ASSISTIR A EXPERIÊNCIAS DE APRECIAÇÃO ARTÍSTICA E PLANEJÁ-LAS É FUNDAMENTAL!

CAPÍTULO 13

ASSISTIR A PEÇAS RUINS TAMBÉM É PEDAGÓGICO!

Coloque no seu planejamento inicial no mínimo duas – para poder compará-las – experiências de fruição artística. Leve o seu grupo para assistir a espetáculos.

Claro que, se estiver em cartaz algo parecido com o processo que vocês estão trabalhando, melhor! Mas o objetivo é ampliar o universo cultural dos alunos e das alunas para que eles e elas possam ter repertório. Ver peças com muitos atores e atrizes; com elenco pequeno; monólogos; comédias; dramas; clássicos; peças para jovens; peças para crianças; musicais; peças itinerantes; espaços alternativos etc...

Leve-os/as a lugares que eles/elas não iriam normalmente com mães, pais e/ou com a escola, como os centros culturais da cidade, que eles/elas nem sabiam que existiam. Não apenas para formar plateias e ampliar horizontes, essas saídas farão com que alunos e alunas formem vínculos entre si e com você. Além disso, eles e elas poderão perceber como é divertido sair para ver teatro, e você deve estimulá-los/las a fazerem sem a sua companhia. Você pode criar um momento, nos seus encontros, de dicas sobre peças, desde leituras de textos teatrais até montagens em cartaz.

"Vocês têm que ver essa peça! É incrível! Organizem-se, ela fica em cartaz até o dia X."
"Agora que viram essa peça, vocês têm que ler essa, vou mandar o texto para vocês no grupo de WhatsApp."

E mande mesmo! Pode ter certeza de que pelo menos um aluno, uma aluna irá ler, e depois mais de um. Insista. Vá ao teatro mesmo que seja com poucos acompanhantes, estimule-os/as a levarem as mães, os pais, namoradas, namorados, amigos e amigas que fazem teatro, amigos e amigas que não fazem teatro; organize uma caravana! São só duas vezes por ano!

Mas *assista* **à peça antes** e verifique a classificação indicativa. Eu não fiz isso uma única vez. UMA VEZ, e foi inesquecível. Um erro clássico. Me arrependo até hoje. A peça era completamente inadequada para a faixa etária dos alunos e alunas que estavam comigo. Mas foi pedagógico, pelo menos para mim. Depois dessa experiência, nunca mais levei um grupo ao teatro sem antes ver a peça e analisar o conteúdo ao qual seriam expostos. Afinal, queremos um bom momento, que seja inesquecível, mas pelo lado positivo.

Criei em uma escola um Clube de Teatro, do qual qualquer aluno ou aluna poderia participar, e não somente os que frequentavam as aulas de teatro. O objetivo era assistir a uma peça e discuti-la. O processo todo tinha três encontros. O primeiro, na escola, antes da apreciação, para nos prepararmos para assistir à peça. O segundo, no dia da apresentação, quando chegamos cedo e cumprimos toda a "liturgia" do dia: ler o programa, esperar o início, conversar sobre nossas expectativas com relação àquilo que iríamos assistir etc...

Jean-Baptiste Poquelin, mais conhecido como ***Molière*** (Paris, 1622-1673)

O terceiro encontro era novamente na escola, para debatermos o que foi visto, o que cada um, cada uma pensou sobre a peça e o que ficou na memória alguns dias após essa experiência. É importante falar nesses encontros sobre todos os aspectos da encenação, as escolhas do grupo, o texto, cenário, iluminação, figurinos, trilha ou efeitos sonoros, adereços, programa... Outro item importante é que não sentem juntos na sala de espetáculo. Para se ter a experiência real de assistir a uma peça, devem estar imersos na plateia como indivíduos, ou no máximo em pares, para sentirem também a pulsação do público e não caírem na tentação de fazerem piadas ou rirem no anonimato do grupo.

Essas saídas podem encorajar alunos e alunas a descobrirem as carreiras técnicas. As saídas podem ajudar a descobrir um/uma figurinista, maquiador/a, iluminador/a. Convidar alunos e alunas para assumirem essas funções é sempre muito bom. Pense em diversas possibilidades para agregar diferentes talentos ao grupo de teatro. Certa vez, em uma montagem da **Peça de horror** da Judith Johnson, precisávamos inventar uma traquitana para que uma porta fechasse misteriosamente sozinha. Não conseguíamos chegar a uma ideia para que isso acontecesse, até que um dia a solução chegou, alguém trouxe um amigo e me disse: "Ele é a solução". Perguntei: "Ele entende de marcenaria?" Ao que ele me respondeu: "Não, eu vou ficar ali a peça inteira escondido para abrir e fechar a porta!" E assim ele ganhou uma função como "efeitos especiais" e se tornou parte importante do grupo, embora nunca tenha aparecido em cena, a não ser para receber os aplausos no final!

Desde então, já tive essa função "efeito especial" em diversos grupos. Houve até um aluno que ficava deitado atrás de um sofá a peça inteira para acionar a máquina de fumaça sem ser percebido numa montagem de **O caso dos dez**, da Agatha Christie e outro que foi o "defunto" em uma peça do Tom Stoppard, **O legítimo inspetor perdigueiro**, e passou a peça inteira deitado em cena se fingindo de morto! Eu mesmo já fiz uma "participação especial" em uma peça na escola, na qual a minha função era derrubar uma bandeja e gritar de fora de cena: "Socorro!" Afinal, sem isso, a peça não poderia ser encenada! Foi um grande aprendizado para mim, aos quinze anos.

O TEATRO ESTÁ EM TUDO

CENAS DO COTIDIANO. FOTOGRAFIA, CINEMA, *VIDEOGAME*. EXERCÍCIOS DE ESCRITA DE DIÁLOGOS OBSERVANDO PESSOAS A DISTÂNCIA. GRAVAÇÃO DE SEUS PENSAMENTOS QUANDO OBSERVA UMA CENA. PARTICIPAÇÃO EM FESTIVAIS, MOSTRAS, OU ORGANIZAÇÃO DA SUA PRÓPRIA EXPOSIÇÃO OU APRESENTAÇÃO.

Outra coisa importante é levar os alunos e alunas para conhecer referências de fora do teatro, ou trazê-las para os seus encontros. Em fotografias, por exemplo, podemos observar onde está o foco da cena, o que está acontecendo na ação fotografada.

Podemos imaginar o que ocorreu antes do instantâneo da foto, o que sucederá depois, e improvisar isso (leiam sobre a técnica de teatro-imagem do Augusto Boal). Em filme, documentário, *videogame* ou *videoclipe*, isso ainda é mais evidente. Traga cenas de óperas, cinema mudo, ficção científica, filmes B, animações.

Proponha exercícios de escrita de diálogos. Uma dica que a Soledad Yunge me ensinou para fazer isso é observar pessoas a distância e imaginar o que elas estão falando com base na sua postura corporal. Grave os diálogos imaginados, em tempo real, no gravador de voz do celular e depois transcreva-os no papel. A mesma estrutura pode ser feita a partir da observação de imagens, quadros ou mesmo cenas de filmes e telejornais vistos sem som.

Certa vez, ao montar a peça *Geração Trianon* da Anamaria Nunes, que fala sobre uma companhia teatral do início do século XX no Rio de Janeiro, comparando o teatro com o cinema daquela época, inspirado pelos filmes mudos de Charles Chaplin, resolvemos fazer uma telenovela teatral. Em alguns encontros, escrevíamos as cenas, a partir da peça, priorizando as ações e sem nenhum texto falado, apenas com aquelas "cartelas" do cinema mudo, com

Geração Trianon
Novela – capítulo 1
Direção: Tuna Serzedello
Disponível no YouTube: https://youtu.be/2KjLiNymb2Y

algumas falas escritas. Improvisávamos as cenas e gravávamos com uma câmera fixa em preto e branco. O resultado foi tão divertido, que acabou gerando treze capítulos de telenovela. Além disso, a peça foi apresentada no teatro da escola e como finalização do processo realizamos um debate sobre essa experiência.

Procure boas parcerias. Pesquise sobre a realização de festivais de teatro estudantil na sua cidade ou em localidades próximas. É muito estimulante e inspirador levar alunos e alunas para se apresentarem em outros palcos e para outras plateias. Isso, sem contar o fortalecimento dos laços entre integrantes do grupo nessas oportunidades. É uma possibilidade de experimentar na prática tudo o que você vem trabalhando. Com o combustível do deslocamento, do novo desafio, do adaptar-se e adaptar a peça ao novo espaço. Se teatro fosse uma matéria do currículo escolar, participar de um festival, mostra ou simplesmente se apresentar em outra escola é como se fosse um simulado. Todas as questões aprendidas se apresentam para nós uma a uma, com velocidade incrível. E você proporcionará uma experiência marcante para a turma.

Ao conhecer, e ver outros grupos de jovens em festivais, além de aumentar o repertório do seu grupo, você irá criar referências próximas para balizar suas escolhas, e deverá pensar nesse grupo como aliado, e não um inimigo a ser "derrotado" com o argumento "a nossa peça é melhor." Experiências artísticas são sempre únicas. Cada grupo sempre apresenta a melhor versão que conseguiu fazer. Minha experiência de fazer parcerias com outros grupos de escola sempre foi muito rica. Assim, fizemos já ensaios cruzados, nos quais um grupo vai à escola do outro e apresenta um trecho, ou a peça toda, e depois assiste ao espetáculo da outra equipe. Já fizemos também a troca de saberes entre professores. Juntamos alunos e alunas de duas escolas, e a professora da outra escola deu uma oficina para as duas turmas ao mesmo tempo, ao que retribuí oferecendo um *workshop* no mesmo dia. Também alunos e alunas se prepararam para conduzir atividades com os grupos unidos, assumindo eles próprios/elas próprias o papel de liderar o encontro.

Já vivi a experiência de montar uma peça com grupos de duas escolas situadas em bairros diferentes. Combinamos, eu e o professor da outra escola, que a cada semana ensaiaríamos em uma escola, para dividir o deslocamento entre nós. Na cidade de São Paulo, onde ocorreu essa experiência, estávamos distantes oito estações de metrô e mais uma caminhada de dez minutos, tempo de se preparar para o ensaio. Os encontros foram muito ricos e ampliaram as amizades entre os componentes das duas escolas, o que nos fez sentirmos em casa num ambiente inabitual. Trabalhamos em conjunto durante um semestre na montagem dessa peça para uma mostra de teatro escolar. O tema gerador da pesquisa para essa peça era a cultura popular da América Latina. O encontro dos grupos foi tão profícuo que gerou um subproduto: uma "telenovela mexicana", com direito à dublagem malfeita, chamada ***A Flor de zíaco***, que fizemos a partir do material estudado. O conteúdo está "eternizado" na internet.

A Flor de zíaco
Novela – capítulo 1
Disponível no YouTube: https://youtu.be/QRWqaS_stjI

Em uma mostra de teatro, com vários grupos de realidades diferentes, pense sempre em um momento de troca de experiências, que pode ser através de palavras, como uma palestra, ou por meio de laboratório, em forma de oficinas. Minha experiência é que as duas modalidades são importantes e devem ser aproveitadas alternadamente.

Como um dos coordenadores do **Projeto Conexões de Teatro Jovem**, vivi uma rica experiência ao ver escolas diferentes montarem o mesmo texto teatral para a mostra do projeto. Não era uma competição da "melhor" montagem, mas um contexto em que todos aprendiam ao observar o processo e o resultado do trabalho um do outro.

Saia do seu espaço com o seu grupo e leve alunos e alunas para viverem experiências com você! Seja no encontro com outras linguagens artísticas, seja com outros grupos de teatro jovem, seja na cidade em que você mora. Bole uma mostra de teatro na sua escola. Convide outros grupos, abra as portas, compartilhe suas práticas, acolha, aprenda, cresça e inspire os alunos e alunas a fazerem o mesmo. Coragem!

PLANEJAR É JOGAR FORA
VÁ DE PEITO ABERTO AO QUE IRÁ ACONTECER HOJE

Planeje sempre. Mas não se apegue. Com um grupo de teatro, em especial de jovens, você tem que chegar receptivo/a ao encontro deles, para ver como estão os humores. O que de especial ocorreu hoje com eles e elas. Isso tem que ser levado em conta na aula. Hoje, saiu a nota da prova, acabou o namoro de um integrante do grupo, alguém próximo vai sair da escola, alguém ficou com a namorada, ou o namorado, de alguém. Muitos são os acontecimentos que mexem com os humores e os hormônios dos seus jovens e das suas jovens. Não ignorá-los irá ajudar na sua aula.

Lembre-se de que você não é um deles. Não se deixe envolver por fofocas ou pelas relações amorosas, eles e elas não precisam de conselhos sobre essas questões. Só de escuta ativa. Você só precisa ficar ligado/ligada o suficiente para poder ver se eles e elas não estão correndo nenhum risco ou se está havendo algum caso de *bullying*.

Ao se aproximar do final do curso ou às vésperas das apresentações, jogue fora esse conselho e use o seu plano, senão a coisa não terá fim! No período de finalização do curso e das proximidades de uma apresentação, volte a seguir à risca o planejado e lembre-se de falar sobre ele, do poder da intencionalidade. Diga para os alunos e alunas: "Hoje, precisamos ensaiar até a cena 3". Divida com eles e elas o que você pensou, passo a passo, para conquistar os objetivos planejados e o quanto você irá precisar do engajamento deles e delas para isso.

CRIAÇÃO COLETIVA

IDEIAS DE COMO FAZER, ORIENTAR (E NÃO BRIGAR), A PARTIR DAS FÓRMULAS DRAMATÚRGICAS COMO MODELO, GRAVAÇÃO DE IMPROVISAÇÕES, REGISTRO EM TEXTO

A decisão do grupo foi fazer uma criação coletiva? Ótimo.

É sempre bom ouvir da boca dos e das próprias jovens o que eles e elas têm a dizer! Como eles e elas querem construir uma narrativa própria.

Cuidado para não se perder em meio à enorme quantidade de material que poderá ser criado e atenção para não jogar fora coisas que foram inventadas com tanto carinho e em um clima tão gostoso. "Justo a cena que eu criei é a que será cortada!" Para não ouvir essas clássicas reclamações, seguem algumas questões para pensar ao embarcar com o seu grupo na ideia de fazer uma criação coletiva.

1. **Estabeleça um limite de cenas e de tempo** — Em conjunto, vocês irão decidir a duração da peça: 1 hora, 1 hora e meia, 1 hora e quarenta etc... Pensem que o tempo é um limitador. As cenas têm que caber nesse tempo combinado.

2. **Use os elementos aristotélicos de tempo e espaço** — Existem quatro possibilidades para combiná-los:

    a. **Espaço aberto / tempo aberto** — Quando as **cenas ocorrem em diferentes lugares e datas distintas**, como em *Os sete afluentes do rio Ota* de Robert Lepage ou em qualquer peça de Shakespeare. Uma cena no jardim pela manhã, outra dentro do castelo depois da guerra, uma num navio dois anos depois da cena 1 etc...

    b. **Espaço fechado / tempo aberto** — As **cenas ocorrem em datas distintas**, mas o **lugar é sempre o mesmo**, como em *Pequenos burgueses* de Máximo Górki, em que a mesma sala de estar é palco de acontecimentos em diversas épocas.

    c. **Espaço aberto / tempo fechado** — Quando a ação **ocorre em lugares diferentes**, mas o **tempo é cronológico**. Por exemplo, em uma noite apenas, como na *Peça de horror* de Judith Johnson, em que tudo acontece na mesma noite, mas em lugares diferentes.

d. **Espaço fechado / Tempo fechado** – Como em ***Quem tem medo de Virginia Woolf?*** de Edward Albee ou ***O deus da carnificina*** de Yasmina Reza. Tudo acontece em um jantar, no mesmo lugar, e acompanhamos os acontecimentos das personagens em tempo cronológico.

3. **Use um "esqueleto" para sustentar a sua criação** – A estrutura de um texto clássico é uma boa forma para isso. Decupe a peça cena a cena. Anote as motivações das personagens e os conflitos que ocorrem em cada uma delas. Crie um título para cada uma das cenas e improvise com o grupo a partir desse roteiro. Por exemplo, em um roteiro sustentado pelo *Hamlet* de William Shakespeare, você pode começar com o título "A revelação que veio de outro mundo": na peça original, o fantasma do pai revela a Hamlet que ele foi assassinado. Vocês podem substituir essa revelação por outra, e de diversas formas, como achar uma carta em um baú, por exemplo. Então, você vai construindo uma nova história apoiado/a em uma antiga narrativa. Você pode usar os doze passos da *Jornada do herói* de Joseph Campbell, por exemplo, ou a estrutura de peças clássicas como *O doente imaginário* de Molière, um conto infantil clássico ou ainda uma tragédia grega. O importante é ter a segurança de que o grupo irá criar *x* cenas, distribuídas de uma maneira preestabelecida e que comporão uma trajetória.

4. Talvez você não queira usar um "esqueleto", pois quer criar uma história nova. Então, pense em um tema gerador. Você pode desenvolver um assunto bem aberto, como "juventude", ou "conflito de gerações", mas acho que fica mais interessante se escolher algo mais específico, como "isso eu não tolero!" ou "cenas sobre uma primeira vez que deu errado"... quanto mais específico, mais divertido, e mais forte.

5. Corte sempre o início e o final das cenas. Literalmente! O que importa é o que está no meio! Não precisa fazer com que as personagens se cumprimentem: "Oi, tudo bem?" Para quê? Corte isso tudo e vá direto ao assunto! Isso dará mais fluidez e dinâmica para as narrativas. Use algumas peças como exemplo. Veja as primeiras falas desses textos, repare como elas já começam propondo uma ação:

   ▶ *A máquina* de Adriana Falcão: "Lá vem Antônio".
   ▶ *Bate-papo* de Enda Walsh: "Qual é a graça desse troço?"
   ▶ *DNA* de Dennis Kelly: "Morto?"
   ▶ *Coro dos maus alunos* de Tiago Rodrigues: "Está tudo no YouTube, podem ver, todo mundo pode ver".

- *Escudos humanos* de Patrícia Portela: "Numa sexta-feira nosso país declarou guerra a outro por razões de segurança".

Em todas essas peças, a cena que estamos vendo já começou faz tempo e, quando ela termina, ainda tem muito que acontecer. Isso deixa tudo mais vibrante e interessante.

6. Estabeleça as regras do jogo e repasse-as em todos os ensaios. As cenas podem ser:

- criadas em casa pelos alunos e alunas, escritas e distribuídas para que todos e todas improvisem;
- improvisadas em aula a partir de alguma proposição sua e alguém irá escrever durante o improviso – o ideal são dois ou três escritores, ou escritoras, de acordo com o número de atores e atrizes (cada um/uma escreve o que uma pessoa fala e depois passam a limpo e editam o texto).

Também é possível filmar os improvisos e dividir as cenas para que elas sejam transcritas e aprimoradas pelo grupo.

7. Repetir é muito importante! O que pareceu incrível quando foi criado pode parecer ridículo no próximo ensaio. A repetição contribui para o aprimoramento das cenas e a eliminação daquilo que não sobreviverá a uma segunda vez. Não é à toa que a palavra "ensaio", no contexto teatral, em francês, é *"répétition"* (*répétition générale* = ensaio geral).

Tenho duas experiências que gostaria de compartilhar. Uma, da montagem da peça *Eu quero uma para viver?*, em que o tema era ideologia e as cenas apresentavam jovens com diferentes ideologias e nenhuma delas parecia preencher de significado os alunos e alunas do grupo. A reflexão que eles e elas queriam levar ao público era se a ideologia dava um sentido à vida ou era um aprisionamento existencial. A peça era bem forte e questionadora. A técnica usada foi improvisar cenas previamente pensadas e combinadas pelos alunos e alunas, filmá-las e transcrevê-las, para aprimorar a linguagem. Após as apresentações, o texto escrito ficou tão bacana que passou a integrar o acervo da biblioteca da escola.

Outra experiência, bem distinta, foi com a peça *Não esquenta*. Nessa experiência, o que ligava as cenas eram geladeiras, que "desempenhavam um papel" importante no desenrolar da história. Criamos cenas incríveis e bem diferentes entre si, desde uma ação no Instituto Médico Legal, com os diálogos dos trabalhadores próximos aos corpos acondicionados em geladeiras, uma outra de um assassino em série que guardava suas vítimas no *freezer,* até um programa de culinária que fracassava porque a geladeira estava quebrada. Nesse caso, a estrutura foi menos formal, pois uma das premissas era usar muito pouco a palavra e realizar muitas ações. Cada aluno/a anotava as suas ações e poucas falas e depois transcrevia e passava aos colegas e às colegas por meio de um arquivo compartilhado.

▶ Adaptações de texto também podem ser feitas de uma maneira colaborativa como se fosse uma *criação coletiva*. Uma vez, trabalhando com a peça **Assim é (se lhe parece)** de Luigi Pirandello, improvisávamos as cenas usando a estrutura do texto e alunos e alunas transcreviam o que tinha sido realizado, já fazendo cortes no texto original. Pode-se proceder da mesma maneira para traduzir um texto. Usamos uma versão de **Macbeth**, de William Shakespeare, adaptada para 45 minutos de duração pelos dramaturgos do Shakespeare Schools Festival, e o grupo cotejou a versão adaptada com a excelente tradução realizada pela Bárbara Heliodora, e logo tínhamos nossa versão adaptada pelos ingleses e traduzida pela Bárbara!

▶ Improvisações a partir de contos clássicos. Fizemos uma criação coletiva de uma peça para crianças chamada **La Befana**, conto clássico de Natal italiano. Existem várias versões desse conto baseadas na tradição oral. Para realizar esse trabalho, entrevistamos algumas pessoas e depois comparamos as versões com alunos e alunas imitando as pessoas entrevistadas com o maior número de detalhes que pudessem perceber: gestos, manias, vícios de linguagem, sotaques. Então, começamos a entrar no universo italiano e a construir as personagens ao mesmo tempo. Ao final, decidimos partir de uma grande festa de Natal em que familiares chegavam à casa da *mamma* trazendo farinha e acrescentando uma nova versão da história ao entrarem em cena.

▶ Outra possibilidade de adaptação coletiva é escolher um tema como "teatro do absurdo" e estudar várias cenas e peças diferentes e oferecer ao grupo para que escolham quais cenas gostariam de fazer – e com quem – e montar um roteiro para que essas cenas façam sentido juntas. Fizemos isso em **Uma noite absurda**, com textos do teatro do absurdo, e em **BR666**, com textos que alunos e alunas classificaram como violentos e pesados como uma *"descida ao inferno"*. Esta última peça foi apresentada no subsolo de uma escola onde funcionavam a marcenaria, a estação de reciclagem de materiais, as oficinas de reparos e o depósito de lixo. Nesse caso, a tarefa do grupo foi "costurar" as cenas premeditando o que a plateia iria entender ao final daquela narrativa única, construída com base em cenas extraídas do seu contexto original, como uma colagem, para expressar as intenções da sua turma.

- Algumas ideias para amarrar uma criação coletiva que vão além do odioso título *Milkshakespeare* (me perdoem aqueles que gostam desse trocadilho infame!) podem ser: cenas de teatro brasileiro, década a década, começando com Artur de Azevedo; cenas finais de peças famosas; cenas de peças de diversas nacionalidades; cenas escritas quando o autor ou a autora tinha *x* anos; a página 148, ou outra qualquer (adaptar uma página específica de um romance gigante como *Crime e castigo* de Dostoiévski, por exemplo).

- Criações coletivas baseadas em material documental de integrantes do grupo são sempre emocionantes. Pense em construir uma peça a partir do primeiro brinquedo; a primeira nota boa; uma foto marcante de cada integrante do grupo; uma poesia ou música que compuseram; os sonhos que acham que nunca serão realizados, entre outras possibilidades. Pesquise o que faz a diretora e dramaturga argentina Lola Arias (http://lolaarias.com) no campo do teatro documentário para se inspirar. Na dramaturgia contemporânea, há um texto incrível da autora britânica Lucinda Coxon chamado *Como eles são?*, em que adolescentes se vestem com as roupas e os sapatos das suas mães e pais para reproduzir os seus discursos e entender como eles são. É um exercício emocionante, que começa engraçado, passa por um ajuste de contas, e chega a um final de entendimento dos papeis de cada um. Uma aula de empatia.

- Uma peça de relatos também pode seguir o roteiro por data ou acontecimentos específicos:
    - meu aniversário de dez anos;
    - quando meus avós morreram;
    - quando meu mundo caiu;
    - quando minha vida mudou para sempre;
    - quando soube que estava ferrado;
    - quando finalmente me descobri;
    - quando votei pela primeira vez;
    - quando ganhamos a Copa do Mundo e eu perdi...

    entre outras ideias.

- O dramaturgo britânico Anders Lustgarten disse em uma conferência que procura descobrir quem seria a personagem mais inusitada para contar uma história. Pense nisso para fugir do óbvio. Anders escreveu uma peça chamada **_Lampedusa_**, sobre refugiados que aportavam na cidade do título da peça. A história era contada por um barqueiro que recolhia os corpos daqueles que chegavam mortos – era esse o seu trabalho. Era muito mais candente ouvi-lo falar daquela tragédia com o tom indiferente do ofício cotidiano do que saber de cada uma das histórias. Essa personagem transmitia ao mesmo tempo a pequeneza da insensibilidade de algo rotineiro e a grandeza do problema traduzido pelo número de mortos. Sua indiferença cotidiana era o que a mídia nos passava sobre o assunto: somente mais um naufrágio.

▶ Na história que vocês querem contar, quem seria a voz menos óbvia para falar? Ou adolescentes são vozes não óbvias para fazer qual assunto ficar mais pujante? Muito para pensar!

Bate-papo (Chatroom), de Enda Walsh
Encenação da Cia. Arthur-Arnaldo
(Foto: Tuna Serzedello, 2007)

COMO TORNAR O CHATO LEGAL (E VICE-VERSA)

CAPÍTULO 17

AVISO: ESTA AULA VAI SER CHATA!

Às vezes, não tem jeito. A aula/o encontro vai ser chata/o. E você sabe disso! Precisaremos ler o texto inteiro de muitas páginas para ver os pontos de corte. Precisaremos fazer uma análise de mesa. Uma discussão em profundidade, ou algo assim, que você sabe de antemão que alunos e alunas podem achar chata.

Minha experiência ensinou que é bom avisar, de preferência com um anúncio impresso: **ATENÇÃO. AULA CHATA!** Assim, você levanta as expectativas do grupo; primeiro, de que você está mentindo ou exagerando, e, depois, de que eles e elas já se preparem para, com maior concentração e vontade, resolver tudo logo para não ter mais uma **"AULA CHATA"**.

Outra possibilidade é pensar qual "personagem" você irá criar para essa aula chata? Qual combina mais com o tema? O/A "especialista/intelectual"? O/A "burro/burra" que pergunta tudo aos alunos e alunas? O "próprio" ser humano que está sendo analisado, por exemplo, você "é" ou "recebe o espírito de" Shakespeare, se for esse o tema da aula, e assim você também pode colocar os/as estudantes como se "fossem" a sua trupe. O importante aqui é ressaltar que analisaremos um material denso e precisamos da máxima atenção e colaboração; assim, o "chato" se transforma em "profundo".

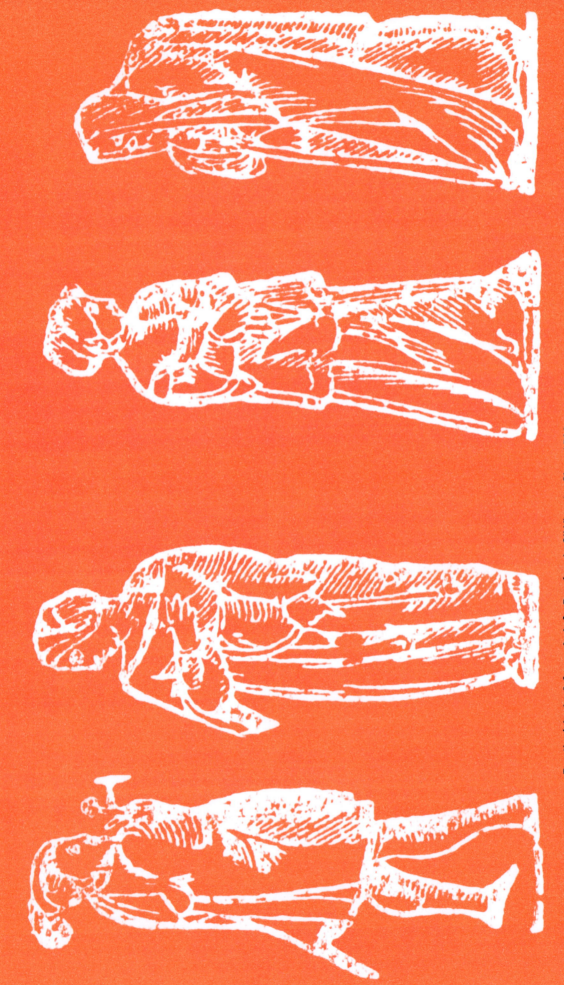

Frontispício de *A farsa de Inês Pereira*, de Gil Vicente. Circa 1500

AS AULAS TEMÁTICAS

AULA DE COMÉDIA • AULA DE VOZ • AULA DE BRECHT • AULA DE REALISMO COM PRATOS E TALHERES • *HAMLET / INÊS PEREIRA* EM TRÊS MINUTOS • IDEIAS PARA TER OUTRAS IDEIAS DE AULAS TEMÁTICAS

CAPÍTULO 18

Uma boa ideia para o seu curso pode ser a preparação de aulas temáticas para introduzir ou destrinchar certo tema. Você pode também fazer "propaganda" de que determinado dia terá aquela aula específica em que irá começar uma nova etapa ou em que "tudo fará sentido".

Nos próximos capítulos, disponibilizo mais conteúdos sobre essas aulas. Uma das minhas preferidas é a "aula de comédia", e o conteúdo dela você encontra no livro *Comicidade e riso* do pesquisador russo Vladimir Propp, em que ele estuda em detalhes os motivos que nos fazem rir. Eu disponibilizo (nos anexos) o sumário do livro, que por si só é um guia para uma (ou muitas) aulas sobre o tema. O interessante é fazer o grupo pensar sobre o que é engraçado e como cada um/uma pode ser engraçado/a. O livro é de leitura fácil e cativante, especialmente se você for (como eu) um aficionado da literatura russa. O autor usa muitos exemplos da dramaturgia de Gógol. Percebo o engajamento dos alunos e alunas logo de cara quando uso um dos primeiros conceitos que ele aborda: *a natureza* vs. *a natureza humana*. Ninguém ri olhando a natureza, ele diz, mas rimos da natureza humana, suas falhas e suas características. A partir daí, é um prato cheio para improvisações com paródias, repetições e exageros cômicos.

Outra aula de que gosto muito de fazer é a que chamo de "aula de realismo", para a qual levo pratos, talheres e copos de verdade (em alguns casos, até comida!) para que os alunos/as improvisem cenas que têm como pano de fundo roteiros de peças realistas famosas, como **À margem da vida** de Tennessee Williams ou **Eles não usam black-tie** de Gianfrancesco Guarnieri, nas quais há episódios em que as personagens estão almoçando, jantando ou tomando café da manhã. Os alunos e alunas adoram essas cenas, pois elas fazem parte do universo imaginário das novelas ou do cinema, em que invariavelmente há personagens ao redor de uma mesa pantagruélica. Nesse exercício, devemos apresentar um esqueleto da cena, em que, por exemplo, cada personagem entra por motivos diferentes. Devemos lembrar que, assim como na "vida real", nessa situação, as personagens não desejam apenas saciar a fome. Elas entram em cena com os mais diversos objetivos e *têm que comer para sair de casa*, ou *chegaram com fome porque passaram muito tempo fazendo algo importante*, e aí são confrontados com os desejos e as vontades de outras personagens que estão ali dividindo a mesma mesa. Leia a cena escolhida e incentive os alunos e alunas a descobrirem de onde as personagens vieram e para onde irão após a ação. Qual o cardápio adequado para aquela refeição?

Para iniciar, você pode fazer alguns aquecimentos, pedindo aos alunos/as que simplesmente ponham (e depois tirem) a mesa, sem falar, mas com algum sentimento específico: esperança, amor, raiva, pressa, paixão etc. E coloquem o foco em alguma coisa ou lugar, como na porta de entrada pela qual chegará (ou não) a personagem aguardada. Ou na cabeceira da mesa onde sentava o pai que já não está com eles. Usem a criatividade para escolher os focos das cenas.

E se essa for a última refeição de alguém? O jantar de noivado? O dia em que alguém da família decidiu contar uma novidade bombástica? Essa novidade pode ser boa ou ruim, mas deve ser uma grande revelação: uma gravidez, um crime, uma traição, um casamento, uma viagem, uma doença terminal... E se nesse dia todos os membros da família resolveram contar uma novidade durante o jantar? Se a primeira personagem contar algo estarrecedor, haverá clima para que uma segunda conte sua novidade?

Como você pode imaginar, é uma aula que dá muito pano para manga e possibilita vários entendimentos aos participantes, em especial no que diz respeito às ações físicas, e que *são elas, as ações,* e o modo como as executamos que dão à plateia a ilusão do que as personagens estão sentindo, e não o que você ator/atriz está sentindo ou dizendo. Stanislavski puro!

Hamlet em três minutos. Isso mesmo! Proponha para a classe a encenação desse clássico de Shakespeare em três minutos – e, acredite, eles conseguirão fazer! Na página 86, há uma adaptação feita com base na versão realizada pelo gênio Tom Stoppard e que usei nessa aula. Adaptação da adaptação! Adapte você também! Adapte-me, camaleoa!

Há também outra adaptação, feita a partir de *A farsa de Inês Pereira* de Gil Vicente (página 90), que emprega essa mesma ideia. Esse é um efeito cômico surpreendente: ter pouco tempo para contar uma história extensa e grandiosa.

Experimente pedir aos alunos e alunas que contem toda a história da saga *Harry Potter* em três minutos, livro por livro, ou o *Senhor dos anéis*, ou a Bíblia, ou "toda" a história do Brasil. Você irá se divertir muito com o resultado. No caso de *Hamlet*, a ideia, primeiro, é contextualizar o teatro elisabetano: você pilota a aula colocando a classe inteira em cena o tempo todo. O que eu falar sobre *Hamlet* servirá para *A farsa de Inês Pereira* ou para qualquer outro texto que você queira adaptar para os alunos encenarem em três minutos.

Primeiro, como fazer essa adaptação? Simples: vá direto aos pontos-chaves, o que acontece em cada ato ou cena. Por exemplo:

1. **Hamlet vê o fantasma.**
2. **Hamlet se faz de bobo.**
3. **Ele dirige a peça de teatro.**
4. **Mata Polônio.**
5. **É banido para a Inglaterra... e assim por diante.**

Lembre-se de acrescentar as falas ou cenas famosas da peça, por exemplo: "Há algo de podre no reino da Dinamarca" não pode faltar. Feita a adaptação, imprima os textos (ou disponibilize nos celulares). O texto impresso funciona melhor, pois as notificações dos celulares causam distrações e podem até deixá-los cair no chão devido às eventuais movimentações exigidas pelas ações.

O texto deve ter no máximo duas páginas. Já na primeira leitura todos irão atuar. Para começar, todos serão os fantasmas e farão um coro para que a voz seja de fato assustadora e plural. Podem usar as folhas dos textos impressos para fazer sons de suspense agitando-as no ar.

Depois, um aluno, ou uma aluna, é destacado/a para ler a fala de Hamlet, tendo ao lado o rei/a rainha, que irão interpretar seus papéis assim que você fizer um sinal, ao mesmo tempo que você assume a função de animador maluco/animadora maluca, dizendo que "faremos algo inédito com esse grupo" – o que é verdade –, e envolvendo o grupo todo, em todas as cenas: "Agora, vocês são o grupo de teatro que irá encenar a peça para o rei e a corte", e estimule o pessoal a improvisar uma música ou dança para a chegada do grupo; "Agora, os cadáveres do cemitério", e todos deitam como mortos no chão; "Agora, a tripulação do navio", e assim por diante. Eles e elas encenarão uma vez com a sua direção, "ensaiando", e depois para valer, cuja performance você filmará e mandará para o grupo como a "joia" produzida em três minutos.

Bertolt Brecht (1898-1956), poeta, romancista e dramaturgo alemão, considerado o renovador do teatro moderno.

A aula de Brecht. A ideia é dar uma aula "distanciada" em que você é, ou convidou um "especialista" (esse especialista é um boneco que você trará para a aula), o qual irá "explicar didaticamente" como era o teatro épico de Brecht, a ideia de "*gestus*" e o distanciamento épico. São todos temas muito difíceis, e a estratégia usada nesse caso é a seguinte: prepare um *PowerPoint* ou uma apresentação formal sobre o assunto, dizendo que para saber sobre Brecht eles têm que conhecer Stanislavski, e eles já conheciam, pois você já tinha feito a "aula realista". Então, quando falamos de personagem, você apresenta o boneco. Manipule-o, inventando uma voz para ele e trocando a narrativa entre a primeira e a terceira pessoa (retomando a sua própria voz). O tema da fala do boneco é quem ele é (invente uma personalidade para ele, que pode ser o próprio Bertolt Brecht ou uma de suas personagens) e o que acha do assunto "teatro épico". Claro que, ao preparar a sua apresentação com o boneco, você fará algumas interações com ele, brigando e discordando sobre vários assuntos em diversos momentos. Assim, você poderá manter a atenção do pessoal e exemplificar ao mesmo tempo. Não se esqueça de terminar a aula com uma proposta prática de improvisar a partir de algum texto de Bertolt. **Aquele que diz sim e aquele que diz não** é uma boa pedida. Eles poderão até usar o boneco em cena.

Substantivos, adjetivos e verbos – Nessa aula, você irá dividir a sala em três grupos e pedir que o grupo 1 escreva dez substantivos em um papel; o grupo 2, dez verbos em outro papel; e o grupo 3, dez adjetivos. Em seguida, troque os papéis entre os grupos e cada um deles representará alternadamente cada item da lista, evidenciando as diferenças entre eles corporalmente e refletindo sobre o conceito de ação. No caso dos adjetivos, ser "lindo", por exemplo, pode ser muito fácil: basta apontarem para si próprios e sorrir. Com substantivos, ser "uma caneca" pode ser bem complicado, mas com os verbos "ser", "andar" ou "deitar" fica bem fácil.

Ao final, além de rir muito, em especial dos substantivos, pode-se fazer uma grande descoberta do que funciona, ou não, em cena, a partir do ponto de partida do que se faz, e como usar esse fato a nosso favor. É claro que no teatro devemos buscar os verbos de ação para poder atuar, mas com alguma qualidade (adjetivo) e uma contradição que gera graça ou estranheza (substantivo). No capítulo 22, dispus uma lista de verbos de ação para que vocês possam experimentar nas cenas e improvisações.

OS PRIMEIROS ERROS! COISAS DE QUE ME ARREPENDI E COM AS QUAIS APRENDI (E MUITO)
VÁRIOS ERROS E UM ACERTO

Cometi muitos erros, mas também aprendi muito com eles! Quero compartilhá-los aqui para que vocês não incorram neles. Vamos errar diferente! Erros vêm do desconhecimento e da insegurança sobre como agir ou do excesso de confiança e conhecimento de como deveríamos agir. Ou seja, você irá errar, e aprender com isso, é parte do processo.

Logo no início da minha carreira como professor, dava aulas em uma tradicional escola profissionalizante de teatro de São Paulo para muitas pessoas que queriam ser atores e contavam com a escola para lapidar o seu potencial e abrir portas para a profissão. Eu estava com uma turma muito diversa e tinha uma aluna em especial que era muito contestadora. Tudo o que eu propunha que eles fizessem ela me questionava e perguntava qual era o meu objetivo como professor de montagem teatral com aquele exercício específico. Isso a cada exercício que eu passava para a turma.

Eu achava que ela queria me testar, pois eu era muito jovem para ser professor – tinha 24 anos –, meu único currículo era ter dirigido uma peça que teve boas críticas e ganhou um prêmio – razão pela qual eu me preparava muito para as aulas e achava que teria todas as respostas na ponta da língua: "Você está fazendo isso com tal intencionalidade e o objetivo de acordo com a nossa montagem é esse".

O tempo foi passando e a montagem estava prestes a ficar pronta. O desafio era grande, pois estávamos montando ***Gota d'água*** de Chico Buarque e Paulo Pontes. Seria o meu primeiro trabalho naquela escola e queria que tudo desse certo. Em um dos ensaios pouco antes da estreia, essa aluna me perguntou por que estávamos realizando determinado exercício, dizendo que não achava ideal fazer aquilo naquele momento.

Então, perdi a paciência e disse: "*Não sabe* por que está fazendo isso? Não sabe? Então, que se dane!" Peguei minhas coisas e fui embora. Já na rua, olho para trás e vejo a turma toda correndo descalça atrás de mim. "Tuna! Tuna! Aonde você vai? O que aconteceu? Temos uma peça para estrear!"

Nesse momento, me dei conta de que tinha feito uma grande besteira e que aquela turma estava me dando uma chance de ouro para que eu me redimisse. Olhei para eles e para elas. Ficamos por um momento – que durou uma eternidade para mim – nos olhando em silêncio, a aluna estopim de tudo, com os olhos vermelhos de chorar, me olhando, todos/as desesperados/as, como se eu tivesse tirado o chão dos pés deles e delas. Olhei firme para todos e todas, apertei a mochila que eu tinha nos ombros, mudei de direção, passei por entre eles e elas e voltei à sala de ensaio. Chegando lá, contei o que aconteceu, qual foi a causa da minha decisão de ir embora, agradeci a todos e todas, por terem me chamado de volta, chorei, disse que foi o gesto mais bonito que já tinha visto, de uma turma resgatar o seu professor. Abracei cada aluno e cada aluna e retomamos o ensaio.

A peça foi incrível e eu ganhei deles uma fita VHS (bons tempos!) com a filmagem integral da peça. Me emociono só de olhar para ela. Aprendizado: não fuja dos seus problemas, eles virão atrás de você e nem sempre te darão uma chance de recomeçar. O diretor teatral inglês Declan Donnellan dizia que as coisas não ditas na sala de ensaio são como um elefante cor-de-rosa, que no início ninguém vê, mas que depois fica tão grande que nos impede de ver outra coisa. Eu deveria ter conversado com aquela aluna logo no início sobre o elefante que eu criei com essa relação e que em determinado momento cresceu tanto que me expulsou da sala.

Certa vez, e foi a única vez, excluí uma aluna de sala, de um curso extracurricular não obrigatório, o qual o grupo frequentava por prazer, e essa moça era uma das mais dedicadas. Por que fiz isso? Achando que a experiência anterior teria me ensinado muito sobre ser professor, tive vontade de deixar o curso, mas, me lembrando daquele episódio, disse para mim mesmo: "Se alguém tem que ir embora, é ela". Então, pedi-lhe que saísse da sala. A turma nunca tinha me visto tão intolerante, e pode ser que alguns dos meus ex-alunos e ex-alunas pensem que isso que estou contando é mentira, pois eles comentam que eu nunca fico bravo de verdade com eles e com elas. Mas quem fez aquele curso irá se lembrar do momento em que eu saí do palco, me dirigi teatralmente até a porta do teatro (eu dava aula em um teatro, que luxo!) e disse para ela: "Fulana, fora, você está excluída! Com essa atitude, você não pode ficar". Não me pergunte qual foi a atitude, não havia uma atitude, havia um conjunto da obra que eu não soube lidar, e depois tive alunas/alunos com perfil parecido e com os quais/as quais soube conviver de maneira muito melhor. O caso dela era um clássico: uma pessoa extrovertida, que se achava melhor que os outros e que pensava que a mim, como professor, caberia o papel de reconhecer a sua superioridade e dar a ela o local de destaque que ela se achava merecedora. Uma aluna que deveria ser estimulada a trabalhar em grupo, usar seus talentos para ajudar os outros e assim melhorar o seu próprio talento. Eu deveria ajudá-la a ver os outros, e não tirá-la do convívio do grupo. Aprendizado: excluir a pessoa não elimina o problema. Diferentemente de uma aula "comum", em uma aula de teatro você precisa de todos/as os/as alunos/as atores/atrizes juntos trabalhando em grupo. Nesse caso, ao excluir a aluna, o problema aumentou, pois a sua ausência subsistiu na sala, e a minha inabilidade em lidar com ela ficou latente. Os outros alunos e alunas se dividiram entre sentirem que fiz justiça com a exclusão e se decepcionarem com a minha postura. Demorei muito para conseguir reverter essa situação e aprender a lidar com isso. Claro que comecei o caminho de volta por aquilo que eu deveria ter feito no início: conversar com a aluna em particular e depois em grupo, com a sua presença, discutindo o que poderíamos fazer como grupo (incluindo a minha presença) para resolver as questões de relacionamento.

Outro assunto para colocar nesse campo de erros, que nesse caso foi um acerto. Inevitavelmente em sua carreira como professor/a de teatro, você terá alunos e/ou alunas que irão se apaixonar por você e alguns/algumas com mais coragem irão até mesmo se declarar. Minha dica número 1: não se envolva amorosamente com adolescentes! Parece óbvio, pois, primeiro, *é um crime,* são menores de idade – lembra do ECA? Segundo, é uma covardia, pois exercemos sobre eles e elas um fascínio que ninguém mais no mundo o faz e temos fácil acesso a emoções que estão escondidas e com as quais é difícil lidar. Encorajar ou fazer pensar que isso (se envolver amorosamente com você) seria uma possibilidade é covardia. Digo isso porque conheci alguns colegas que namoraram alunos/as menores de idade, acreditem! Vivi a situação de receber uma declaração de amor de uma aluna de dezesseis anos. Ela me procurou ao final de uma aula e disse que estava apaixonada e que pensava em sair do teatro para não alimentar isso, pois sabia que eu não abriria nenhuma possibilidade de isso acontecer. Minha reação, na hora, foi agradecer a confiança dela de confiar em mim e me contar isso. Dizer que me sentia honrado e feliz por merecer tamanho sentimento dela, reafirmar que isso não seria possível de maneira nenhuma, mas que essa paixão que ela sentia por mim poderia ter uma relação com a paixão que ela passou a sentir por ela mesma nas descobertas que fez a partir das aulas de teatro. Que aquilo que ela sentia era legítimo e que eu era, sim, parte daquilo, mas que ela refletisse se esse amor não tinha relação com o que ela havia descoberto nela mesma. E passei a enumerar as mudanças que eu havia percebido nela, nos meses de aulas, e eram, de fato, muitas transformações. E que eu gostaria que ela não saísse da aula, embora respeitasse se ela achasse que isso fosse necessário, mas que poderia encontrar outras descobertas nas aulas e que não precisaria ter vergonha de ter me dito aquilo, que eu levaria como um dos maiores elogios que alguém poderia receber, e que manteria sigilo sobre a questão e não mudaria o meu tratamento com ela. Depois disso, ela saiu mais leve, e eu, preocupado se tinha feito a coisa certa. O tempo me disse que sim. Depois do episódio, ela foi minha aluna por mais três anos, e o fato nunca mais foi mencionado.

Cidadania (Citizenship), de Mark Ravenhill
Encenação da Cia. Arthur-Arnaldo
(Foto: Caio Bars, 2008)

CAPÍTULO 20

A travessia de Maria e seu irmão João
Encenação da Cia. Arthur-Arnaldo
(Foto: Camila Picolo. 2019)

ENTRE BEIJOS, TAPAS E PALAVRÕES

Quem trabalha com adolescentes, especialmente no ambiente escolar, sabe que os três temas citados no título acima sempre aparecem nas nossas montagens. Vamos falar de cada um deles detalhadamente. Todas as questões relacionadas aqui têm um motivo que é muito legal de discutir: a confusão entre o intérprete e a personagem, somadas ao momento de vida dos/das jovens em que estão descobrindo a sua identidade.

Aqui não existe quarta parede pois, para que personagens de ficção se beijem, é preciso usar bocas reais!

E nesse momento a magia da personagem cai e alunos e alunas se veem indefesos/as. Para brigar com alguém fisicamente, tenho que dar murros de verdade? Se eu não fizer isso, como irão acreditar? Minha personagem fala muito palavrão, a minha avó vai assistir à peça e ela detesta que eu pronuncie palavras de baixo calão! Ela não vai saber que é a personagem que diz certas coisas! O pior disso tudo é que a "culpa" irá recair sobre você, professor, sobre você, professora. Você é que vai ouvir coisas como estas: "Minha filha, meu filho, nunca tinha beijado – ou falado palavrão –, aí, foi fazer teatro e esse professor/professora obrigou/ensinou a beijar. Esse pessoal de teatro é muito liberal, as aulas são só palavrão e beijação, por isso é que eles gostam tanto de teatro! Esse professor é um libertino. Essa professora é uma desavergonhada!"

Livre das críticas você nunca vai ficar. Então, vamos analisar cada um dos temas com base em práticas e reflexões a fim de enfrentar a contento as situações, quando e se aparecerem.

Feizbuk,
de José María Muscari
Encenação da Cia. Arthur-Arnaldo
(Foto: Ana Helena Lima, 2012)

BEIJOS

Ocasionalmente, em alguma peça que vocês queiram montar, haverá uma cena de beijo! E agora? O que fazer? Apesar de alguns se beijarem indiscriminadamente fora do palco, em cena é outra coisa. Já vivenciei algumas reações que vou relatar para ver se alguma situação se encaixa com a da sua turma.

Começando pela timidez de quem irá beijar e passando por essas reações: "Mas eles namoram, então tudo bem se beijarem em cena!" Ou: "Um deles namora outra pessoa, e agora?" "A minha mãe vai ver isso e ela nunca me viu beijando alguém!" "E se eu *não gostar dele*, vou ter que beijar mesmo assim?" "Meu pai não sabe que eu sou *gay* e se ele me vir beijando um menino?" Ou ainda: "Eu não sou *gay*, mas vão pensar que sou se me virem beijando um menino... e, depois, como vou explicar que era a personagem?"

Na minha prática, tento avaliar a situação e perceber o comportamento do grupo. Ao ler que o roteiro apresenta uma cena de beijo, a turma terá uma reação. A partir dela, você pode já pensar se a cena deve ser mantida e se o beijo é imprescindível. Lembre-se de que os alunos não podem sofrer! Nada pior que beijar alguém de quem não se gosta, em público, e ainda obrigado a fazê-lo pelo seu professor de teatro! Leve para o grupo essa questão: podemos suprimir o beijo mantendo o clima entre as personagens? Pode o beijo ser substituído por um abraço demorado? Podemos fazer algo que "esconda" o beijo? Se o beijo é tão importante para a peça, podemos cortá-lo? O corte do beijo significa censura? Pudor ou moral excessiva? Seria melhor achar outra peça que não tenha beijo, já que estamos com dificuldade nessa questão? O que um beijo significa para a sociedade de hoje? Quais foram os beijos importantes para os momentos históricos do mundo? O que a supressão do beijo representaria nessa peça?

Como se pode perceber, o assunto "beijo em cena" abre espaço para muitas discussões interessantes que não necessariamente tenham relação com o ato de beijar.

Numa montagem que fiz, na qual os alunos/as prefeririam morrer a se encostar fisicamente, fizemos com que na hora do beijo duas outras personagens entrassem carregando uma grande caixa que fazia parte do cenário, o que "escondia" a cena da plateia, aliviando a dupla de ter que se beijar. Outro recurso clássico é puxar a personagem a ser beijada para fora da cena no momento do "ato". A decisão do beijar ou não deve ser submetida à dupla que fará a cena, com a sua participação.

Se a decisão for beijar, é importante que você deixe claro que é um beijo cênico, não real! Toda interação em cena deve ser ensaiada e não envolver os sentimentos amorosos dos alunos. Mesmo para casais de namorados. As decisões de quanto tempo os lábios ficarão grudados e, importante, de que lado será o beijo são importantes e eles/elas não podem se envolver emocionalmente, senão a cena perde para a "realidade". Afinal, em cena é tudo mentira! Uma mentira tão bem-feita que revela as mais duras verdades!

A técnica do beijo é simples. Se não for apenas um selinho, as bocas se abrem, se encostam e se movem. Só isso. Não existem salivas, línguas ou outros mecanismos "beijísticos"!

Já vivi também o oposto. Numa cena em que um casal do mesmo sexo deveria se beijar, o grupo decidiu que todo o elenco entrasse em cena e se beijasse junto do casal para realçar a normalidade daquela demonstração de afeto. Engajamento, ativismo e sensibilidade pura!

TAPAS

Entre afeto e violência, por incrível que pareça, o segundo item é mais bem aceito! Cenas de briga são tão recorrentes em peças para adolescentes quanto nas românticas; porém, jovens – e a sociedade em geral – têm mais facilidade em lidar com a violência do que com o amor! Mas não pense que o mundo está perdido. Adolescentes estão em uma fase de descoberta e experimentação e é normal que queiram preservar alguma intimidade, mesmo que não o façam nas redes sociais!

Cenas de brigas geram problemas, ou de agressão real ou do extremo oposto, de alunos e alunas, que travam e não conseguem se aproximar uns dos outros com medo de machucar ou serem machucados. O remédio para esses ferimentos é ensinar algumas técnicas de luta cênica. Existem inúmeros tutoriais de brigas cênicas, em especial feitos por grupos de teatro ingleses, talvez influenciados por Shakespeare, em cujas peças se nota uma tradição de lutas em cena.

Uma das técnicas que utilizo, e com a qual me divirto muito com os alunos e alunas, é a de coreografar lutas passo a passo.

Stage a fight – Complete fight. (Passo a passo de luta cênica)
Disponível no YouTube: https://youtu.be/iozemN4ze00

A primeira coisa que se deve levar em consideração para realizar uma luta cênica é que A VÍTIMA SEMPRE ESTÁ NO COMANDO! Diferentemente da vida real, no palco quem manda é quem apanha. Por exemplo, numa cena em que uma personagem arrasta a outra pelos cabelos, quem está no comando é a pessoa "arrastada" – o "agressor" apenas pousa a mão na cabeça da "vítima", que, por sua vez, segura a mão do agressor junto com o seu cabelo e é levada através do palco como se estivesse sendo puxada. É um excelente exemplo de cena em dupla, pois a integração entre os "combatentes" é muito grande, risco zero, já que não irão se machucar, e os gritos e gemidos darão realidade à contenda.

A estratégia é a seguinte: divida a turma em duplas e peça-lhes que criem uma sequência de luta numerada de 1 a 15. Serão quinze movimentos divididos entre a dupla. Um deles sugere: "Vou socar o seu estômago" (por exemplo) e diz UM, numerando o movimento, e lentamente dirige a mão fechada na direção do estômago do outro, simulando um soco. Ao fingir que recebe o golpe, a vítima diz DOIS em voz alta e dobra o corpo como se tivesse recebido o soco. Em seguida, eles repetem os dois movimentos, sempre falando alto. UM, DOIS.

Depois de repetir algumas vezes esses movimentos, podem começar a criar o terceiro movimento, o quarto, e assim por diante, usando a mesma técnica, sempre devagar e cantando os números, até chegarem ao 15. Após executarem toda a sucessão do golpe e seus efeitos, devem repetir os movimentos até decorarem toda a sequência. Primeiro, em "câmera lenta", depois na cadência real, substituindo os números por gemidos ou textos como: *"Vou pegar você!"*, *"Você vai se arrepender de ter nascido!"* etc...

PALAVRÕES

Como lidar com palavrões numa peça? Cortá-los, simplesmente? Ou amenizá-los, substituindo-os por "caramba!", "puxa vida!"?

Mas há situações em que não existe a possibilidade de substituir um palavrão, como numa tentativa de assassinato. Penso que o uso da língua deve estar, assim como todos os outros elementos da cena, a serviço da história. Se o palavrão for necessário para contar uma história, ele deve fazer parte dela. O problema nesses casos é o efeito "contágio". Numa montagem com alunos e alunas, no dia da apresentação, depois que o primeiro palavrão foi pronunciado, uma aluna em especial foi "tomada" e a cada fala ela emendava um palavrão. Ficou tão exagerado, que se tornou cômico. A plateia já começava a rir cada vez que ela abria a boca, esperando um palavrão.

Outra estratégia, ao encenar uma peça que tenha palavrões, e que por isso causará certo incômodo na família de algum/alguma integrante da peça, peça-lhe que avise e prepare o espírito dos espectadores mais sensíveis. Nunca se esqueça de colocar nos cartazes, *flyers* ou convites virtuais da peça qual a classificação indicativa da montagem, de acordo com os órgãos normativos. As classificações já indicam "uso de linguagem chula", e assim você se garante contra possíveis imprevistos. Você encontra o guia para a classificação indicativa no *site* do Ministério da Justiça: https://www.justica.gov.br/seus-direitos/classificacao/guia-pratico.

Como autor de peças teatrais, sempre defendo dramaturgos e dramaturgas e suas escolhas de linguagem. Em uma peça, as palavras não são ditas por acaso. Bons escritores e boas escritoras pensam no encadeamento de cada frase, estudam o universo a ser representado e propõem situações e palavras para causarem determinado efeito. Evite cortar, substituir ou alterar um texto teatral. Valorize a palavra escrita, a autoria. É um ensinamento para a vida e um encorajamento para que estudantes leiam e se sintam desafiados e desafiadas a escreverem seus textos para terem esse respeito com suas criações.

CASOS DIVERTIDOS E/OU MARCANTES

CAPÍTULO 21

Este capítulo vai contar alguns casos que foram marcantes e que têm algo a dizer sobre práticas pedagógicas ou que simplesmente transbordam de afetos.

Na primeira turma que coordenei, teve uma aluna inesquecível, uma senhora de setenta anos, Luísa, moradora de Campinas, que viajava todos os finais de semana até São Paulo (o curso era aos sábados durante o dia todo) para realizar um sonho: ela queria ser atriz.

Seu sonho foi sendo prorrogado por anos e anos, até que aos setenta, patrocinada pelas netas, ela decidiu fazer um curso profissionalizante, e o primeiro – e único – diretor que ela teve fui eu. Ela foi uma aluna incrível, com uma jovialidade, talento e dedicação únicos. Na estreia da peça, foi emocionante ver sua família, filhas, netas e sobrinhos, todos vibrando e torcendo por ela. Ela se destacou muito em cena e concretizou seu sonho. Eu me desliguei da escola e soube depois que a minha querida aluna septuagenária não chegaria ao final do próximo semestre, mas faleceu realizada por ter pisado no palco uma vez na vida.

Tive uma turma fora da média em termos de tamanho: quase cinquenta integrantes. Não queria perder ninguém. Desejava manter todas e todos e encontrar uma maneira em que elas e eles se sentissem pertencentes e desafiadas/os a permanecerem no grupo. Achei que estava fazendo um bom trabalho, pois ao final de um semestre o grupo tinha até aumentado, com o ingresso de outros estudantes. Chegou então o momento da "primeira ruptura": a escolha do texto. Eu sabia que seria um processo difícil fazer com que todos e todas gostassem do mesmo texto e o escolhessem para encenar.

Mas aconteceu. Eles escolheram fazer a peça **DNA** de Dennis Kelly, que eu já tinha montado profissionalmente com a Cia. Arthur-Arnaldo e em uma outra escola com adolescentes. O primeiro problema: éramos quase cinquenta e a peça tem catorze personagens. Como conciliar isso? Fizeram as contas e me disseram, brincando: "Só se fizermos com três elencos". Eu disse: "Perfeito!" Poderíamos fazer algo ousado e desafiador (e de fato foi): montar a peça com três elencos simultaneamente em três locais próximos (salas de aula vizinhas, por exemplo) para plateias diferentes, mas que a qualquer momento os espectadores poderiam se levantar da sala em que estavam e ir para outra ver a mesma peça com intérpretes diferentes. Por isso, as três peças teriam que começar ao mesmo tempo, ter a mesma encenação e figurinos parecidos, para que o público reconhecesse as personagens dos diferentes espetáculos. E que isso seria incrível também para a leitura que o público faria do texto, pois poderíamos ter a sensação de que casos de *bullying* e violência como os que a peça relata podem acontecer – e acontecem – em diversos lugares ao mesmo tempo. E que, se ouvíssemos ecos das falas das outras montagens durante aquela a que estávamos assistindo, isso iria aguçar a nossa curiosidade e a sensação, como plateia, de estar vivendo um acontecimento teatral único. Foi de fato uma experiência incrível, mas que triplicou o meu trabalho e me fez decorar o texto inteiro, tantas foram as vezes que ouvi a peça. Mas as encenações ficaram tão boas, que as apresentamos diversas vezes na escola e ainda viajamos com elas para dois festivais estudantis de teatro, sempre com o ônibus lotado!

Uma das coisas que adolescentes adoram é serem desafiados, e nada mais desafiador que realizar uma coisa grandiosa que parece impossível. Vou contar três experiências com esses ingredientes. A primeira foi encenar uma peça numa piscina olímpica. Na escola em que eu trabalhava a piscina era usada nas aulas de educação física e como curso extra de natação. Os alunos e alunas tinham que fazer uma adaptação textual misturando o **Auto da compadecida** de Ariano Suassuna com o **Auto da barca do inferno** de Gil Vicente para as aulas de português. O professor de língua portuguesa me propôs encenarmos o resultado desse trabalho e aí veio a ideia: e se fizéssemos na piscina? Assim nasceu o **Auto da barca da Paulista**. Conseguimos emprestados um barco de pesca e um bote inflável, que colocamos ancorados nos dois lados da piscina como as barcas do inferno e do céu e as personagens eram mandadas para os botes. A plateia ficava nas bordas da piscina, sentada em cadeiras, e havia quase cinquenta pessoas em cena entre personagens e as "almas penadas" que ficavam nadando e tentando puxar personagens para baixo da água. Foi inesquecível.

Outra experiência com água ocorreu numa escola em cujo pátio foi erguida uma torre para sustentar uma caixa-d'água, que, por fim, foi demolida, deixando um espaço ocioso. A ideia foi encenar **Senhora dos afogados** de Nelson Rodrigues, naquele espaço, com o público em volta, sentado às mesas das salas de aula. E no meio dos ensaios nasceu outra ideia: "E se estendermos uma lona azul no chão e colocarmos água até a altura do tornozelo dos atores?". Assim, seria mais real a tragédia a que todos estavam condenados na peça, de morrerem afogados – e os atores teriam que estar encharcados, é claro! Tivemos a sorte de estrear a peça no verão, numa linda noite de lua cheia!

Senhora dos afogados, de Nelson Rodrigues (Foto: Tuna Serzedello, 2012)

As experiências itinerantes podem funcionar muito bem em uma escola que não tenha um teatro ou auditório, pois podemos transformar as salas de aula em palcos e metaforicamente – e literalmente – ressignificar o espaço da escola. Uma sala com alguns abajures domésticos pode ser transformada em um escritório da SS, como fizemos na montagem de ***Terror e miséria no III Reich*** de Bertolt Brecht, ou em uma loja de chapéus, como na peça ***Uma noite absurda***, colagem de textos do teatro do absurdo. Nas itinerâncias, você tem ainda uma "peça dentro da peça", que é representada pelos alunos e alunas que têm que organizar o deslocamento do público e pensar nas questões técnicas de luz e som, sala a sala, o que é muito saudável para o grupo, pois, se um aluno/aluna trabalha como ator/atriz na cena 1, irá trabalhar como contrarregra na cena 3, iluminador/iluminadora na cena 4, até voltar a ser ator/atriz na cena 6.

Terror e miséria no III Reich,
de Bertolt Brecht
(Foto: Acervo da Escola da Vila, 2018)

A terceira experiência que eu gostaria de compartilhar com vocês foi a solução que encontramos na encenação de **A voz do silêncio** de José Arthur Ridolfo, para o projeto Conexões, em 2014. O texto tem muitas cenas em duplas e propõe uma "luta contra o sistema" em um clima de suspense baseado nos diálogos. Durante os ensaios, percebia uma falta de engajamento e interesse dos alunos e alunas que não estavam em cena em todos os encontros e aquilo me incomodava muito. Minha vontade era que todos – de um grupo de dezessete alunos – estivessem em cena o tempo todo, mas não poderia ir contra a dramaturgia da peça. Então, pensei: "E se eles estivessem em cena, mas não fossem vistos?"

Essa pergunta foi a chave para a solução: eles e elas irão iluminar a cena de dentro dela! No encontro seguinte, todos e todas trouxeram lanternas e decidimos que a peça não teria nenhuma iluminação cênica externa, tudo seria feito pelo grupo. Foi uma experiência incrível! Todos começaram a se achar diretores de cinema, pois, com as luzes volantes na mão, poderiam iluminar o que quisessem. Numa cena, só os pés; em outra, apenas as bocas. Ao mesmo tempo, podiam brincar com as sombras, iluminar de baixo para cima, de cima para baixo, com ângulos... as possibilidades eram inúmeras. Então, criamos uma "segunda peça", a dos iluminadores e iluminadoras. Era muito inspirador observar somente o movimento dos alunos/das alunas que estavam empunhando as lanternas, eles e elas se esforçando, no escuro, para dar luz aos colegas em cena – puro teatro! Além disso, os vultos dos iluminadores e iluminadoras aumentavam o clima de conspiração, perseguição e espionagem dos "revolucionários" da peça. Outra vantagem foi a possibilidade de apresentar a peça em qualquer lugar, pois não precisávamos de nenhum recurso técnico externo.

A voz do silêncio,
de José Arthur Ridolfo
Projeto Conexões
(Foto: Jorge Alves, 2014)

SUGESTÕES DE PLANO DE AULA, IDEIAS E CONTEÚDOS PARA AULAS TEMÁTICAS

Pesquisar um tema para ser encenado – Peça aos alunos e alunas que tragam qualquer elemento que eles gostariam de ver em cena: um discurso político, uma letra de música, uma poesia, uma carta, uma piada, uma roupa... qualquer material que seja importante para eles e elas. Proponha apresentarem o que trouxeram para o resto da turma, explicando o motivo da escolha. Em seguida, peça à turma que resuma aquilo que foi apresentado em uma frase, o título daquela pequena "peça". Não vale o da música, deve ser o da transposição cênica criada. Supondo que o título sugerido pela classe seja "A morte da bezerra", o professor vai pedir ao pessoal que formem pequenos grupos e improvisem uma cena com base naquela denominação. Os grupos se apresentam e cada um deles elege a melhor cena para integrar o espetáculo, que consistirá na coletânea das cenas escolhidas. Esse método pode ainda gerar um texto escrito, desde que algum aluno ou aluna se apresente como voluntário/a a ser um escriba.

Para encenar um texto pronto – O primeiro contato com o texto deve ser sem o texto. Sim, é isso mesmo que você leu. Devemos nos aproximar do universo e motivações das personagens antes de ler o roteiro. Se o universo estiver bem criado por vocês, com muita coerência do que precisa ser feito, as palavras do texto serão as escolhas óbvias a saírem da boca das personagens; então, nem precisaremos decorar o texto para encenar a peça, pois ele já estará decorado! Pegue duas falas de uma mesma cena desse texto e peça para responderem com uma improvisação as seguintes perguntas sobre o diálogo dado: por que, quando, onde, quem e como. Após os improvisos, embaralhe as respostas entre os grupos e peça aos alunos e alunas que voltem à cena com os dados trocados. Por exemplo, se o "onde" de um grupo foi um banheiro, na próxima encenação será o "onde" do outro grupo, que tinha ficado com "deserto". Após se divertirem com as encenações, dê os dados exatos da cena da peça sem que eles saibam do que se trata. Todos os grupos devem encenar com esses dados. Agora, você já pode desvendar o mistério e ler com eles a cena que acabaram de apresentar. Os alunos e alunas já estarão interessados pelo texto, curiosos e curiosas para saberem a história toda e cientes de que para um diálogo escrito existem muitas possibilidades de encenação.

`Para criar um roteiro de uma peça` – Essa técnica aprendi em uma oficina para dramaturgos ministrada pelos profissionais do Royal Court Theatre e oferecida pelo British Council. A ideia é que com dez "por quês" você pode escrever uma peça. E funciona mesmo! Mas, como adolescentes não são dramaturgos ou dramaturgas trancados/as em um gabinete para criar um texto, adaptei para "dez improvisações". Dê aos alunos e alunas, divididos em pequenos grupos, uma situação inicial para improvisação, por exemplo: "Há um corpo caído ao pé de uma montanha". Com a improvisação, eles devem responder à pergunta: "Por que há um corpo caído ao pé de uma montanha?" Após a cena, desafie o grupo a elaborar uma improvisação que termine exatamente como aquela cena começou. Repita o procedimento mais nove vezes e observe uma história ser formada.

`Para começar a ensaiar um texto` – Peça aos alunos e alunas que, durante um jogo de aquecimento, contem a história de toda a peça que vão encenar, por exemplo, um pega-pega no qual o pegador/pegadora joga o jogo contando a história. Assim que outro/outra for pego/pega, este/esta continua a história do ponto em que ela foi interrompida. Prossiga com essa dinâmica até que a história inteira seja contada. Depois desse aquecimento, peça ao grupo que encene a peça "inteira" em cinco minutos. A turma irá se desdobrar para tentar realizar essa tarefa quase impossível... imagine **Sonho de uma noite de verão** representada nesse tempo! Ao final do exercício, alunos e alunas terão compreendido o enredo da peça, a dinâmica das cenas, estudado as personagens e, o melhor, criado um esboço de cada cena que vai servir de ponto de partida para o trabalho posterior. Com dividendos a Soledad Yunge, que me ensinou essa prática.

BINGO DO IMPROVISO

Para esse exercício, os alunos e as alunas devem sortear uma letra, um número e uma ação e, a partir daí, em grupos, improvisar cenas. Para isso, prepare três sacos ou caixas: uma com números escritos em um pedaço de papel dobrado; outra, com letras; e a terceira, com ações. Cada aluno/a, então, sorteia uma letra, um número e uma ação e, em seguida, faz uma improvisação de acordo com as indicações dos papéis sorteados. O quadro abaixo serve como exemplo, mas você pode criar o seu próprio, com quantas ações e personagens quiser!

BINGO DO IM-PROVISO	AÇÃO A ROUBANDO	AÇÃO B CUIDANDO DO JARDIM	AÇÃO C PINTANDO	AÇÃO D COMENDO
PERSONAGEM 1 MÁGICO/MÁGICA	AMBICIOSAMENTE	NERVOSAMENTE	SUAVEMENTE	DIVERTINDO-SE
PERSONAGEM 2 PADEIRO/PADEIRA	PROVOCATIVAMENTE	COM DIFICULDADE	TRISTEMENTE	HABILMENTE
PERSONAGEM 3 FUGITIVO/FUGITIVA	SUAVEMENTE	ATREVIDAMENTE	COM CIÚMES	COM ESPERANÇA
PERSONAGEM 4 SABICHÃO/SABICHONA	SENSUALMENTE	COM RAIVA	PENSATIVO	ASTUCIOSAMENTE

LISTA DE VERBOS DE AÇÃO PARA USAR EM EXERCÍCIOS NO BINGO!

(Os verbos apropriados para criar cenas são os transitivos, aqueles que causam algo a alguém.
Aumente a lista com os seus verbos!)

ABRAÇAR	AMEAÇAR	COMANDAR	DESCONCERTAR
ACALMAR	ANALISAR	CONDENAR	DESDENHAR
ACARICIAR	ANIMAR	CONFORTAR	DESENCORAJAR
ACENDER	APERTAR	CONFRONTAR	DESPACHAR
ACOLHER	APLAUDIR	CONFUNDIR	DESPERTAR
ACONCHEGAR	APRESSAR	CONSOLAR	DESTRUIR
ACONSELHAR	APRISIONAR	CONSTRANGER	DETER
ACORDAR	APUNHALAR	CONTRADIZER	DETONAR
ACUSAR	ARRANHAR	CONTROLAR	DIMINUIR
ADMIRAR	ARRASAR	CONVENCER	DIRECIONAR
ADORAR	ARRASTAR	CORRIGIR	DIRIGIR
ADVERTIR	ARRUINAR	CORROMPER	DISPENSAR
AGARRAR	ASSEDIAR	CRITICAR	DISTANCIAR
AGITAR	ASSUSTAR	CRUCIFICAR	DISTRAIR
AGRADAR	ATACAR	CUIDAR	DIVERTIR
AGUENTAR	ATERRORIZAR	CUMPRIMENTAR	DOMAR
AJUDAR	ATORMENTAR	DAR	DOMINAR
ALARMAR	ATRAIR	DECEPCIONAR	DUVIDAR
ALERTAR	BANIR	DEFENDER	EDUCAR
ALFINETAR	BATER	DELICIAR	ELOGIAR
ALIENAR	BEIJAR	DEMOLIR	EMPODERAR
AMACIAR	BELISCAR	DEPRIMIR	EMPURRAR
AMALDIÇOAR	BLOQUEAR	DESAFIAR	ENCANTAR
AMARRAR	CAPTURAR	DESARMAR	ENCORAJAR
AMASSAR	CASTIGAR	DESCARTAR	ENERGIZAR

ENFEITIÇAR	FURAR	MOLESTAR	RECRUTAR
ENFURECER	GLORIFICAR	OBRIGAR	RECUSAR
ENGAJAR	GUIAR	OBSERVAR	REJEITAR
ENGANAR	HIPNOTIZAR	OBSTRUIR	REJUVENESCER
ENGRANDECER	HORRORIZAR	OFENDER	REMEDAR
ENOJAR	IGNORAR	OFUSCAR	RENUNCIAR
ENSINAR	ILUMINAR	ORDENAR	REPREENDER
ENSOPAR	IMITAR	ORGANIZAR	RESGATAR
ENTRISTECER	IMPLORAR	PAQUERAR	RESISTIR
ENTUSIASMAR	IMPRESSIONAR	PARABENIZAR	RESTAURAR
ENVERGONHAR	INCOMODAR	PEGAR	RESTRINGIR
ENVOLVER	INDAGAR	PENDURAR	REVIVER
ESBOFETEAR	INSPIRAR	PERDOAR	RIDICULARIZAR
ESCANDALIZAR	INSTRUIR	PERMITIR	SACUDIR
ESCONDER	INSULTAR	PERSEGUIR	SAUDAR
ESFAQUEAR	INTERESSAR	PERSUADIR	SEDUZIR
ESFRIAR	INTIMIDAR	PERTURBAR	SEGURAR
ESTIMULAR	INVESTIGAR	PESQUISAR	SILENCIAR
EVITAR	IRRITAR	PRENDER	SOCAR
EXALTAR	LAÇAR	PREOCUPAR	SUFOCAR
EXAMINAR	LIDERAR	PREPARAR	SURPREENDER
EXCLUIR	MACHUCAR	PRESSIONAR	SUSPEITAR
EXIBIR	MAGOAR	PROTEGER	TENTAR
EXPOR	MANDAR	PROVOCAR	TESTAR
FASCINAR	MANIPULAR	PUNIR	TOCAR
FAZER CÓCEGAS	MARTELAR	PUXAR	TORTURAR
FORÇAR	MASSAGEAR	QUEBRAR	
FORTALECER	MATAR	QUESTIONAR	
FRUSTRAR	MIMAR	RECOMPENSAR	

Sumário do livro *Comicidade e riso* (São Paulo: Ática, 1992), **de Vladimir Propp, para pautar a aula de comédia**

Compre o livro e leia!

1 - Quem ri e quem não ri [Para que alguém ria deve haver algum objeto ridículo]

2 - O cômico na natureza [A natureza em si não é engraçada, mas as descrições...]

3 - A natureza física do homem [O corpo (magros/gordos/altos/baixos/narigudos) e as alterações da natureza (embriaguez/costumes/cheiros/posições/mudez/gagueira)]

4 - A comicidade da semelhança.

5 - A comicidade das diferenças.

6 - O homem com aparência de animal.

7 - O homem-coisa [Comparações com objetos e coisas]

8 - A ridicularização das profissões.

9 - A paródia.

10 - O exagero cômico.

11 - O malogro da vontade [Tentar e não conseguir]

12 - O fazer alguém de bobo.

13 - Os alogismos [Sentidos contrários de pensamento/incapacidade de comunicação]

14 - Os instrumentos linguísticos da comicidade.

15 - Os caracteres cômicos.

16 - Um no papel do outro. Muito barulho por nada.

Outros tipos de riso

1 - O riso bom.

2 - O riso maldoso. O riso cínico.

3 - O riso ritual.

4 - O riso imoderado

3 MINUTOS PARA HAMLET

Trecho livremente inspirado na peça **33 minutos para Hamlet** de Tom Stoppard, com adaptação de Tuna Serzedello.

Alunos e alunas com o texto na mão assumem as personagens à medida que você os chama. Todos e todas estão em cortejo como em uma festa de casamento. Dois deles assumem os papéis dos noivos, o rei Cláudio e sua nova esposa, Gertrudes. É o casamento deles. Todos estão em cena brindando o casamento, menos Hamlet.

CLÁUDIO   Outrora nossa irmã, hoje nossa rainha! *(Hamlet entra)*

Tomo por minha esposa.

HAMLET   Chegar a esse ponto!

Cláudio e Gertrudes saem. Som de vento. É a cena do fantasma. Alunos e alunas assumem o papel de fantasma. Emitem sons fantasmagóricos, agitam as folhas do texto. Outros estudantes assumem os papéis das novas personagens. Horácio entra.

HORÁCIO   Meu senhor, creio que eu vi ontem à noite o rei vosso pai.

HAMLET   Anjos e santos, protegei-nos! *(Horácio sai)* *(Hamlet fala para a plateia)* Há algo de podre no reino da Dinamarca.

Fantasma entra. Todos da turma representam o fantasma, uivam e falam em coro.

FANTASMA   Eu sou o espírito de vosso pai. A serpente que tirou a minha vida agora usa a minha coroa.

HAMLET   Oh, minha alma profética! De agora em diante, será conveniente bancar o palhaço.

Pequeno soar de trombetas. (Procure esse som no celular) Entra Polônio, correndo. Alunos e aluanos que representavam o fantasma assumem novo papel, de membros da corte, para rirem de Hamlet, que finge estar louco.

POLÔNIO   *(Fala rindo e apontando Hamlet para os membros da corte)* Vede como vem o pobre coitado.

Membros da corte riem de Hamlet e comentam entre si: "Ele está louco! O príncipe enlouqueceu!"... e coisas desse tipo. Polônio sai. Membros da corte saem. Hamlet, sozinho, fala para a plateia.

HAMLET Ser ou não ser, eis a questão.

Alunos e alunas se transformam de membros da corte na trupe de teatro. Entram em cena cantando, tocando, improvisando cenas. Preparando a encenação de uma peça. Em meio ao ensaio, Hamlet diz para a plateia.

HAMLET Ouvi dizer que, quando os culpados assistem a uma peça e a cena é astutamente armada, toca-lhes.

Entram Cláudio, Gertrudes, Ofélia, Marcelo e Horácio. Todos se sentam para assistir à peça que será encenada pela trupe de teatro, a qual encena uma peça, sem palavras, em que um rei é envenenado pelo irmão quando está dormindo.

HAMLET *(para a plateia em confidência)* Se ele vacilar, saberei meu rumo.

A trupe representa a cena de um rei que dorme e seu irmão despeja veneno em sua orelha. O rei da peça morre em cena. Cláudio, o rei que está assistindo à cena na plateia, se levanta.

HAMLET O rei se levanta!
TODOS Suspendam o espetáculo!

Saem todos, exceto Gertrudes e Hamlet.

HAMLET *(para o público)* Aposto mil na palavra do fantasma.

Polônio entra e se ajeita em pé, atrás da tapeçaria. Pode-se cobri-lo com um lençol ou algum pano que haja na sala. Pequeno toque de trombetas anuncia a entrada de Hamlet nos aposentos da rainha Gertrudes. Hamlet está nervoso e segura uma espada, de preferência uma feita de jornal.

HAMLET Mãe, vós deixastes meu pai muito ofendido.

Ao agarrar a mãe, ela grita:

GERTRUDES Socorro!
POLÔNIO *(Atrás da cortina, grita)* Socorro! Oh!

Hamlet golpeia Polônio com a espada. Polônio cai morto. Mas antes de morrer diz a famosa frase.

POLÔNIO   Morto por um níquel, morto!

Gertrudes e Hamlet saem. Soar de trombetas anuncia a entrada do rei Cláudio, seguido de Hamlet com uma mala de mão (ou a mochila de alguma aluna ou aluno).

CLÁUDIO   Hamlet, esse ato obriga-te a partir.

Hamlet sai carregando a malinha. Cláudio diz outra frase famosa da peça.

CLÁUDIO   Age, Inglaterra.

Cláudio sai. Espaço para a grande cena da morte de Ofélia. Os alunos e alunas voltam a representar os membros da corte e comentam que Ofélia não está bem. A atriz/ator que representará Ofélia entra enlouquecida, passa no meio deles e cai morta. Toque de trombetas novamente. Hamlet já voltou da Inglaterra. Estão no cemitério, todos os alunos e alunas se deitam no chão em posição de cadáveres para representar os mortos. O coveiro e Hamlet entram.

HAMLET   Um corsário perseguiu nosso navio. Morreram todos. Somente eu fiquei como prisioneiro. (*Toma uma caveira do coveiro, que pode ser qualquer objeto da sala, como um sapato*) Ai, pobre Yorick... mas espere (*olhando a caveira*), este sou eu, Hamlet, o dinamarquês. (*Devolve a caveira ao coveiro*)

(Nota do adaptador: Geralmente, acham que ele segura a caveira para dizer: "Ser ou não ser, eis a questão", mas, na verdade, a cena em que ele pega a caveira se passa no cemitério (cena I do acto V), ao passo que o cenário em que Hamlet diz a famigerada frase é um quarto do castelo (cena I do ato III).

O coveiro sai. Entra Laertes, irmão de Ofélia e filho de Polônio. Ele está furioso com Hamlet. Laertes também porta uma espada de jornal e desafia Hamlet. Alunos e alunas se transformam em membros da corte que assistem ao duelo e torcem para a sua personagem preferida.

LAERTES   Que o diabo carregue tua alma!

Entre eles, entra Osrico, que será o juiz do duelo. Eles sacam a espada. Entram Cláudio e Gertrudes, com taças. Eles esgrimem, separam-se.

HAMLET   Vamos, senhor!

Hamlet e Laertes continuam esgrimindo. Hamlet fere Laertes. A ponta da espada de Laertes está cheia de veneno. Osrico, como juiz da luta, aponta o toque da espada de Hamlet em Cláudio.

OSRICO   Um toque, um toque, evidente.

Gertrudes ergue a taça para brindar o filho. O rei havia colocado veneno na taça de vinho, pensando que Hamlet iria bebê-lo. Ao perceber que a rainha está brindando o filho e irá beber do copo, corre até ela, desesperado.

CLÁUDIO   Dá a taça a Hamlet! Gertrudes, não bebas!

Ela bebe.

GERTRUDES   Fui envenenada? *(A rainha cai morta)*

Laertes fere Hamlet com a espada, impregnada de veneno. Laertes avisa Hamlet da tramoia.

LAERTES   Hamlet, foste assassinado.

Hamlet dá um golpe de espada em Laertes, que cai morto.

HAMLET   Então, veneno, cumpre a tua função. *(Hamlet mata Cláudio com a espada e, sentindo o veneno corroer suas entranhas, diz):*
         O resto é silêncio. *(E morre)*

FIM

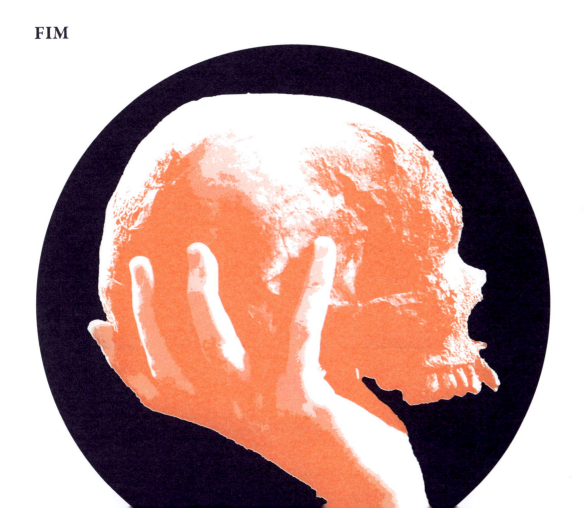

3 MINUTOS PARA INÊS PEREIRA

Da peça *A farsa de Inês Pereira* de Gil Vicente, adaptada por Tuna Serzedello, para aula da professora de literatura Fernanda Franco.

Com uma ajuda para atualização de linguagem do português castiço para o atual.

INÊS PEREIRA SOLTEIRA

Mãe chega da missa e não vê Inês bordando nem costurando.

MÃE — Como queres tu casar com fama de preguiçosa?

INÊS — Mas eu, mãe, sou ativa, e vós sois lenta.

MÃE — Ora espera assim, vejamos!

INÊS — Deus me dê o paraíso! Mil vezes que não bordar.

MÃE — Aqui vem Lianor Vaz.

INÊS — E ela vem benzendo-se.

Entra Lianor Vaz.

LIANOR — Jesu, Jesu, que farei? Não sei se voi a el-rei ou ao cardeal!

MÃE — Como? Tamanho é o mal?

LIANOR — Tamanho? Eu to direi. Um clérigo lançou mão de mim. Diz que havia de saber se eu era fêmea ou macho. Quando o vi pegar comigo, que me vi naquele perigo: – Absolverei! – Não absolverá! *(Recompõe-se)* Deixemos isso! Inês está combinada para casar com alguém?

MÃE — Até agora com ninguém.

INÊS — Porém, não hei de casar senão com homem avisado: ainda que pobre e pelado, seja discreto em falar.

LIANOR — Eu vos trago um bom marido, rico, honrado, conhecido.

INÊS — Primeiro, quero saber se é parvo ou é sabido.

LIANOR Nessa carta que aqui vem, verá a discrição que ele tem.

Inês lê a carta e comenta.

INÊS Des que nasci até agora não vi tal vilão como este.

LIANOR Queres casar por prazer no tempo de agora, Inês? Antes casa, que não é tempo de escolher!

MÃE "Mata o cavalo de sela e bom é o asno que me leva."

Entra Pero Marques, vestido como filho de lavrador rico.

PERO Eu Pero Marques me digo, como meu pai faleceu e fiquei herdeiro, mais gado tenho eu já quanto. E desejo ser casado, se o Espírito Santo deixar que eu seja seu namorado. Parece moça de bem e eu de bem sou também.

INÊS Homem, não temeis, que não quero, nem me apraz. Ide casar a Cascais!

Sai Pero Marques.

MÃE Não te agrada ele a ti?

INÊS Sempre disse e direi: eu não me casarei senão com homem discreto.

Entram os judeus casamenteiros: Latão e Vidal.

LATÃO Hou de cá!

INÊS Quem está lá?

VIDAL Aqui somos.

LATÃO O que nos encomendou...

VIDAL Logo nos esforçamos...

LATÃO Cala-te!

VIDAL Não queres que eu diga? Não sou eu também do jogo?

LATÃO Não fui eu também contigo? Tu e eu não somos eu? Tu judeu e eu judeu, não somos massa de um trigo?

VIDAL Sim, somos!

LATÃO Deixa-me falar!

VIDAL Já calo.

LATÃO	Falas-lhe tu, ou eu falo?
VIDAL	Vós quereis amor, marido mui discreto, e de viola?
LATÃO	Buscamo-lo.
VIDAL	Soubemos de um escudeiro. Musculoso, forte. Que fala, e como fala!

Entra o escudeiro com seu moço, que lhe traz uma viola.

ESCUDEIRO Se a senhora é tal como os judeus me contaram, é certo que os anjos a pintaram! Se for donzela, se honesta, é o milhor da festa. Antes que mais diga agora, Deus vos salve, fresca rosa, e vos dê por minha esposa, por mulher e por senhora.

INÊS Eu, aqui diante de Deus, Inês Pereira, recebo a vós, Brás da Mata, sem demanda, como a Santa Igreja manda.

Saem todos, menos Inês e o escudeiro. Inês canta feliz por estar casada.

ESCUDEIRO	Vós cantais, Inês Pereira?
INÊS	Por que bradais vós comigo?

ESCUDEIRO Será bom que vos caleis. E mais: sereis avisada que não me respondais nada, porque homem sisudo traz a mulher dominada. Não haveis de falar com homem nem mulher que seja; nem somente ir à igreja não vos quero deixar. Já preguei as janelas para que não entre nem vento. Estareis aqui trancada nesta casa, tão fechada como freira no convento.

INÊS Que pecado foi o meu? Por que me dais tal prisão?

ESCUDEIRO Não buscastes discrição? Que culpa tenho eu em guardar o meu tesouro? Não sois vós, mulher, meu ouro? Que mal faço em guardar isso?

O escudeiro sai.

INÊS "Quem bem tem e mal escolhe, por mal que lhe venha, não se anoje."

Entra o Moço com uma carta.

INÊS	*(lendo)* "Sabei que vosso marido foi morto por um mouro pastor."
MOÇO	Oh, meu amo e senhor! Que triste despedida!

Gil Vicente (c.1465 – c. 1536), dramaturgo e poeta português. Retrato no teto do Salão Nobre dos Paços do Concelho de Lisboa.

INÊS Que notícia tão suave! Agora quero tomar, para a boa vida gozar, um muito manso marido.

Entra Lianor Vaz.

LIANOR A morte a todos gasta. Casai-vos, minha filha. Buscai outra guarida. Pero Marques tem, que herdou, fazenda de mil cruzados...

INÊS Pero Marques, que seja! Asno que me leve quero e não cavalo fogoso. Antes lebre que leão. Antes lavrador que Nero.

Entram Pero Marques e a mãe.

PERO Vós casais comigo e eu convosco!

Saem todos. Fica o casal.

INÊS Marido, sairei agora, que há muito que não saí?

PERO Sim, mulher, saí-vos. Ide aonde quiserdes ir. Vinde quando quiserdes vir.

FIM

LANCE LIVRE

DE TUNA SERZEDELLO

DRAMATURGIA COMPLETA DA PEÇA ESCRITA PARA JOVENS

Classificação indicativa sugerida: 16+

(Nota do autor: Essa peça não é um monólogo, e não vem com manual, nem com uma série de instruções para sua encenação. Como irão ver, não existem marcações de palco definidas e nenhuma indicação na margem do texto de quem fala o quê. As palavras podem ser ditas por qualquer número de atores e atrizes, de um a cem. E a direção pode ser tão simples ou elaborada quanto vocês quiserem. Meu único pedido é que algumas coisas sejam deixadas para a imaginação da plateia.)

(A pontuação do texto propõe um pulsar para o espetáculo. As faltas de pontuação são propositais para manter o ritmo da peça.)

Abro os olhos

Vejo vermelho

Viscoso

Gosto de metal na boca

É sangue

É meu

A poça que envolve a minha bochecha

É minha

Vejo o mundo de baixo pra cima

Tenho três balas no meu corpo

Sinto o calor delas

A dor que vem junto do quente vai demorar pra cicatrizar, eu penso

O último arremesso não chegou a cair

Não vi a bola rodando pra entrar na cesta

É muito ruim essa sensação de coisa incompleta

De não saber

Preciso treinar mais

Praticar

Fazer aquele lance com o punho que o professor falou

Onde será que ele está?

Olho em volta

Será que ele também?

Apago

....

"Ela estava na aula de educação física", disse o jornal

"Não foi bala perdida"

"Foi assassinato", disse o pai

A vida é mesmo um jogo

....

Em outra quadra, perto dali

Crianças jogam em segurança

Não há barulho de tiros

Só o som de bolas sendo batidas contra o chão

Por quê?

Por que tem umas bolas que caem e outras não?

Corta

....

Uma outra bola é arremessada

Dentro da cadeia

"Sistema de reabilitação", dizem alguns

"O esporte recupera", dizem outros

Aqui, a bola de basquete sai da mão direto pra cara da magrela

Voam dois dentes e sangue

Ela abaixa pra pegar

Sente o peito do pé chutando a sua barriga

Sabe que não é o seu dia

Cai no chão

De lá, vê a bola ainda quicando

Pensa que nunca gostou de basquete

Lembra que da vida ficaria feliz em esperar um empate

Estava perdendo

....

Outra bola corta o ar

Agora um ginásio com iluminação

Jogar à noite é mais *style*

Quadra coberta

Sem sereno

Uniforme da NBA

Tenta fazer a jogada que viu no celular

Faz a narração baixinho, em inglês, enquanto seu corpo se movimenta

São só dois

O jogo é 21

Só vale cesta em um garrafão

Arremessa

....

Dia de chuva

Garoa fina

Céu cinza

Um parque público amarga a falta de visitantes

A quadra, molhada, se oferece em silêncio

Gotas gordas caem das tabelas

As poças no garrafão formam o mapa de um mundo imaginário

Essa peça é sobre isso

No parque três jovens brincam dentro da pista de *skate* vazia

O corpo é o *skate*

Vocês sabem que não podem ficar aí, não!

Diz o segurança com um rodo na mão

Escoando a água e acabando com a diversão dos únicos que se atrevem a entrar no parque no dia de hoje

O som dos rodos no chão

Sincronizados

Lembram os guinchos dos tênis na quadra do ginásio coberto

Tênis importados

Especializados

Grunhem no chão encerado

Deixa de ser viado e me dá essa bola!

Para de falar assim

Vai tomar no cu

Bichinha tá nervosa?

Quer saber? Sou *gay*, sim. Vai tomar no cu você.

A bola pedida é arremessada com força

Para!

Desculpa

Tá falando sério?

Tempo

Tô

Desde quando?

Sempre

Você está a fim de mim?

Não.

A gente é amigo?

Acho que sim.

Acho?

Mas você podia parar de xingar os outros assim.

Silêncio.

....

Não havia

Uma multidão gritava dentro dela e

Na quadra, dentro do "sistema de reabilitação"

Os dois dentes apertados dentro da mão direita machucavam a palma

Acho que dá pra reimplantar, pensou.

Não queria revidar os golpes com medo de deixar cair os dentes

Melhor deixar bater, ela pensou

Sabia que se revidasse ia levar a melhor

Por isso ela estava ali

Gostava de briga

Sabia onde bater pra machucar

Aprendeu na vida

Chute

Soco

Puxada de cabelo

Ia ajeitando o corpo pra amaciar os golpes

Daqui a pouco chega o inspetor, pensou

É melhor que eu seja a vítima dessa vez

Pra variar um pouco

Capaz dos guardas pegarem simpatia por mim

O mundo gosta de quem ganha

E tem pena de quem apanha

Fecha bem a mão

Protege o rosto

A bola de basquete viaja em direção a ele

Foram buscar

Acharam que ia machucar mais

....

Desculpa

Essa bola é original?

NBA, meu pai trouxe de Miami

Metido

Sério

Eu sei. Você tem casa lá

Faz seis anos. Mas agora eu vou pouco. Vestibular. Estudos

Deve ser incrível ter casa lá!

Quando eu era criança era tipo um sonho. Agora nem ligo

Imagina, a Disney no quintal!

É, mas é meio solitário. Meus amigos estavam aqui. Só de vez em quando ia alguém lá passar férias com a gente... e quando eu voltava... estava fora das histórias... das viagens... dos acampamentos... dos encontros...

Mas você sempre teve as melhores roupas. E os melhores tênis

Mas não os melhores amigos

Ah! Que pena do menino rico! Tão sozinho!

Vai se fuder!

Mas você não pensa em fazer facu lá?

Com que grana?

Papai

Ele está pra vender a casa

Por quê?

Foi citado em um esquema de corrupção. Se ele não der um jeito, perde tudo o que conquistou

Roubou

Não sei. Não me meto nos negócios dele

……………………………………………

Falei pra sair

Mas não tem ninguém

Tem eu

E tem a placa

Uso permitido com *skates* e equipamentos de segurança adequados. Fora desse…

Já sei. Estamos indo

Odeio esse pequeno poder

Dão um uniforme pra alguém e ele vira um ditador

Está só fazendo o trabalho dele

Para de defender o cara!

Já reparou que sempre é um homem?

O quê?

Já

La vêm vocês feministas

Não é feminismo. É real

As duas defensoras dos direitos dos…

Da igualdade

Isso.

E você? Defende o quê?

Meu direito de dançar numa pista de *skate* vazia

Deveria defender os direitos LGBTQIA+

Isso é machismo!

Para!

Você sabe que é inútil discutir com ele

Tem que abrir a cabeça, lutar

Com ele não adianta!

Nada pior do que *gay* machista

Oi! Eu tô aqui!

Ah!

Ficam falando de mim como se eu fosse purpurina. Alô! Mamãe não ensinou?

Ensinou a não falar mal pelas costas. Você está aqui

Olha...

Uau!

De onde surgiram?

Não sei, mas espero que dividam os times tirando a camisa

Espero que todos sejam *gays!*

Vira essa boca pra lá!

Pelo menos um?

E basquete é lá esporte de *gay?*

Claro! Tem que desmunhecar pra jogar!

....

Escorrega, pensei

Quadra molhada

Sangue é pior que água

Melado

Pensei nas tias da limpeza

Quem vai limpar essa quadra?

Vai dar trabalho

Minha mãe põe um cubo de gelo na roupa pra tirar mancha de sangue

Essa minha roupa vai ter que ficar de molho num balde de gelo

Ela sempre teve um cuidado com esse uniforme de educação física

"A gente é pobre, mas é limpinho!"

Não deixava nenhuma mancha

Uniforme manchado não valoriza o aprendizado!

Ela é inteligente

Só tem uma camiseta de educação física e aula duas vezes por semana

Nunca vim sem camiseta limpa

Branca

Surrada

Mas branca

Em contraste com a minha pele negra

Linda!

Dizia a minha mãe

Preta!

Fedida!

Diziam os meus colegas

Nunca liguei

Era todo mundo meio preto, mesmo

Meu pai dizia pra brigar, denunciar

Racismo é crime!

Eu sei

Mas, se você não fala nada, eles acham que tudo bem

Eu sei

Tem que falar, senão não para nunca

Inveja, eu achava

Sou cestinha

Na minha idade, ninguém joga como eu

Amor

Treino

Treino

Arremessos

Sozinha

Arremessos

Tiros

Três

No meu corpo

Cai

A bola não

Segue quicando

Até que...

....

Foi feio, hein?

É

Pegaram pesado

É

Quantos?

Nove

Nove?

Todos do outro time

E do meu time também

O que você tem na mão?

Meus dentes

Fecha a boca. Ficou feio mesmo

Obrigado

Tem namorado?

Importa? Tá perguntando por quê?

Ih! Bravinha. É lésbica? Sapata?

?

Quando invoca assim, é porque não gosta da fruta. É cedo. Aprende

Não deveria ser uma mulher cuidando de mim?

Nesse país tem tanta coisa que deveria ser, mas não é

Eu exijo ser cuidada por uma mulher

Exige?

É o meu direito

Desde quando vagabunda tem direitos?

Se você fosse coisa boa, não estaria aqui, não

Aqui, não

Aqui, só fica o lixo

A escória

Na hora que eu tirei aquelas nove delinquentes de cima de você... você estava bem feliz comigo

Agora é hora de agradecer

Mostrar gratidão

Já ouviu falar em retribuição?

Deixa os seus dentes aqui nesse copo, lava a sua boca lá e volta aqui

Enquanto isso eu vou ficar mais confortável...

O que você tá...? Você vai aproveitar de mim, seu...?

Eu prefiro chamar de retribuição

....

Eu te empresto o *skate*

Mas só enquanto eu jogo, depois você devolve, tá?

Claro! Mas você vai ter que me ensinar algumas manobras...

Depois do jogo

Como você é abusada, bi!

Por quê?

Chegar no meio dos caras e pedir *skate* emprestado?

Pra você poder entrar na pista e mostrar presses putos do parque que você agora tem os "equipamentos"

Eu faria o mesmo

Se fecha, você não tem coragem nem pra pedir informações na rua

Se eu quiser, eu...

Mas pra usar esse shortinho, você tem coragem...

Olha o machismo!

Para! Você acha que tem algum "entendido" no time?

....

Se você fizer faculdade em Miami, vai se dar bem. Tem uma comunidade *gay* enorme lá...

Como você sabe?

Para! Eu vi num documentário

E por que você fica vendo documentário sobre isso?

Porque estava passando

E te interessou!

Por que você não fala pra todo mundo o que você é?

Acha que é fácil?

Não sei. Mas é melhor

Imagina o desgosto da minha vó

E a sua felicidade?

Não sei

....

Escroto!

Vou te denunciar!

Sou menor

Sou vulnerável

Seu pedófilo de merda!

....

Imagina a cara do meu pai

....

Seu cuzão!

Estuprador!

....

Meu pai adora ficar falando de mulher e mandar vídeo pornô pros amigos

....

Seu tarado!

....

Mas seu pai é político

Gente fina

....

Não adianta gritar

Eles são assim mesmo

Quem é você?

Também já passei por isso

Quanto mais você grita, mais ele gosta

É um porco

Se sente macho quando abusa

Se você não esperneia, ele broxa

Por que você está aqui?

Quase castrei um cara

O quê?

Ele quis colocar na minha boca e eu falei se você fizer isso eu vou arrancar essa merda

Você é das minhas

Mas com esse puto não dá. Ele não dá mole. Amarra, agride, algema. Não corre riscos. Só o do consentimento

....

Correndo embaixo da tábua

Liberdade

Não quero nunca mais ouvir alguém limitando a minha liberdade

Quero que essas rodinhas me levem pra outro país

Sonho com uma liberdade assim

Vento na cara

Sensação boa no corpo

A paisagem passando ao lado

Não aguento mais ser vigiado

Em todo lugar tem alguém me olhando

Na escola, no parque, no celular

Sempre alguém

Moderando

Vigiando

Ditando o que eu devo fazer

Como fazer

O guarda me olha agora

Sensação boa

Chupa, guardinha!

Agora eu posso estar aqui

Agora eu tenho um skate

O "equipamento"

E isso me dá direitos

Direitos humanos

Para humanos direitos

....

Será que é isso que vão falar sobre esse episódio?

Atiraram na menina na quadra

Mas se ela fosse boa coisa não estaria lá

Mereceu

Vão pensar

Se a polícia atirou, é porque mereceu

Mas eu só estava jogando basquete

Por que tem umas bolas que caem e outras, não ?

....

Não vai dar mais pra reimplantar os meus dentes, eu pensei

....

Não quero morrer, eu pensei

....

Não quero ficar pobre, eu pensei

....

Não quero que o meu pai vá pra cadeia

....

Não quero mais jogar esse jogo

....

Quero pedir um tempo

Parar um pouco a minha história

Sair da minha vida e repensar a sua tática

Conversar com o meu treinador

Existe um treinador? Um deus?

Alguém organizando a minha vida de fora?

Alguém que possa berrar comigo no intervalo e me dar força pra voltar à quadra

Que me diga o ponto fraco do inimigo

....

Eu estou perdendo o jogo

Perdendo muito sangue

A poça está aumentando

Quero virar o jogo

Quero conhecer outro país

É meu sonho

Não quero morrer sem viajar de avião

Deve ser incrível

Ver o mundo de cima

Estar longe de tudo

Chegando rápido em um lugar muito longe

Lembrar de tudo como distante

Lembrar disso

....

Lembra

Lembra daquele cara que me emprestou o *skate* no parque?

Lembro?

O do time sem camisa?

Isso

O gato?

O sarado?

O que não parecia que era *gay*?

Mas era

Era

Está no hospital

?

Foi surrado pelos colegas do time dele

E do outro

Descobriram que ele era *gay*

Se sentiram ofendidos e traídos por ter um *gay* no time

Foram ameaçados em suas honras

Então

Bateram

Surraram

Chutaram

Quebraram o seu *skate*

Deixaram ele sangrando no parque

O guarda da noite encontrou ele lá

No canto da quadra

Já nem chorava

Agora está na UTI

Parece que está estável

Você vai lá visitar?

Não

Por quê?

....

Tenho medo

Medo que aquele guardinha volte a me procurar

Estar em liberdade não te faz livre

Nunca vou esquecer o que passou lá

As imagens

Esses implantes na boca

Você fez bem

Não devia ter denunciado

Devia, sim

Ele está fugido

Tenho medo

Ele não vai mais procurar você

Vingança

Acho que não, ficou muito marcado

Foda-se ele

E você?

Não sei

....

Eu vou jogar basquete no time do clube

Sei

Vi seu nome na convocação pra viagem

Eu não vou

Mas você é o nosso armador

Não tenho grana pra pagar a viagem

Eles parcelam

Mesmo assim

Pena

Seria meu sonho viajar com o time

Você não tem como arrumar grana?

Como?

Não sei. Guardando da sua mesada?

Que mesada?

Achei que você...

Meu pai é funcionário daqui, minha mãe, professora, tenho dois irmãos, você acha que...

Posso te ajudar

Não

Não quero te dever dinheiro

Não vou ter como pagar

Eu tenho umas coisas que você pode vender e ficar com a grana do lucro

Rs

Tipo o quê? Drogas?

É

Rs

Você tá louco?

Não é *crack* nem nada, só umas balinhas para animar umas festas

Você é...

Não. Eu sou *promoter*. Essas coisas simplesmente aparecem na sua mão

Você não tem medo?

Não pega nada. Ninguém desconfia

Porque você é rico

Topa ou não?

....

Eu topo, mas estou preocupada

E você?

Dentro

Preocupada com o quê?

Violência

É um ato pela paz!

Por isso mesmo

Você vai convocar pessoas pra marchar contra a violência. E violência gera violência. Já tem mais de 20 mil confirmados no evento

Ótimo!

Como você garante o que passa na cabeça de 20 mil pessoas que estão indo pras ruas revoltadas com o que aconteceu

Dois dos caras do time de basquete estão sofrendo ameaças

Só dois? Deviam ameaçar os dois times que surraram

Está vendo?

Você quer vingança

Eu só quero ser respeitado

....

Respeito

Podemos ter um pouco de respeito nesta sala?

Manda os infratores lá pra dentro

Traz as fichas

É tudo de menor?

Sei

Deixa ver

Vocês dois, tráfico de drogas

A menina sem dente, agressão

A bichinha é a líder da "manifestação"

E as duas ali?

Sei. Estavam junto

Não

Não pode liberar, não

Na hora de estar lá na zoeira, estava tudo bem. Agora não tem nada a ver com a coisa. Vai prestar depoimento e ficar fichada pra ver como é bom ser baderneiro.

Cadê os oficiais do...

Presos?

Por causa dos tiros na escola?

Puta que o pariu!

Mas não tem prova!

Saiu a balística?

Sei

Mas o vídeo não prova nada, filma atirando, mas tem que saber se a bala é deles mesmo

....

As balas são três

Estou sentindo

Talvez seja a última coisa que...

....

A última coisa que eu esperava era ver a minha filha caída no chão da escola

....

A última coisa que eu esperava era ver o meu filho metido com drogas

....

A última coisa que eu esperava era ver meu filho atirando em uma criança

....

A última coisa que o diretor da escola esperava era aquele longo e rigoroso inverno em 1891

O frio não deixava que as crianças de Massachusetts praticassem esportes ao ar livre

Pediu ao professor James Naismith pra criar um tipo de jogo, sem violência, que estimulasse os alunos

Detalhe:

E que pudesse ser jogado também durante o verão

Em áreas abertas

James pensou em desistir da missão

Mas não

Gostava de desafios

Gostava dos seus alunos

Pensou bastante

Chegou à conclusão de que:

Esse jogo teria um alvo fixo, mas com algum grau de dificuldade

Ser jogado com uma bola

E não poderia ser tão agressivo quanto o futebol pra evitar conflitos entre os jogadores

E ser coletivo

Então decidiu que a bola seria jogada com as mãos

Mãos têm mais delicadeza que os pés

Pés chutam

Mãos acariciam

A bola teria que correr livre

Então ser batida no chão

Mas com as mãos abertas

Evitando socos acidentais nas disputas

Depois pensou no alvo

Melhor colocar no alto

No hóquei e no futebol ele já está no chão, pensou

Três metros e meio de altura vai ser uma boa dificuldade, pensou

Pensou

Só não pensou no que fazer

Com as promessas não cumpridas

Com o sadismo

Com a corrupção

Com o sofrimento do mundo

Com os privilégios de alguns

Com as denúncias de abuso

Com os abusadores

Com as mentiras

Com a verdade

Por que tem umas bolas que caem e outras, não?

FIM

São Paulo, 28 de maio de 2017

AULAS DE TEATRO
ONLINE
Por Soledad Yunge

Nunca pensei que um dia escreveria sobre dar aulas de teatro virtuais ou fazer teatro a distância. Muito menos que faria isso com entusiasmo.

A educação a distância sempre me pareceu uma opção razoável para quem não tem nenhuma alternativa de estar presencialmente, mas confesso que tinha certo preconceito e pensava que não poderia ter tanta qualidade como um processo pedagógico presencial. Escrevo isso pensando em cursos teóricos e nada relacionado com crianças e jovens. Muito menos com aulas de teatro. Acredito que a experiência a distância nunca passou pela cabeça de quem trabalha com teatro.

Quando, em 2020, fomos confrontados com o vírus da covid-19 e aulas e cursos migraram para o espaço virtual, fiquei imaginando que teria que transformar aulas e conteúdos em aulas expositivas e esquecer as vivências práticas de criação. Pensar em aulas de teatro a distância, mediadas por uma tela, me pareceu, num primeiro momento, uma narrativa distópica, sem final feliz.

Mas não me conformei com a ideia de ficar sentada de frente para uma tela cheia de minirrostos pensando um curso de história do teatro ou *powerpoints* e *slideshows* discorrendo sobre conteúdos que deixariam crianças e jovens ainda mais tempo imóveis diante de um monitor. Como existir nessa nova "realidade"?

Quem está lendo isto e faz teatro sabe que nossa capacidade de improvisação e adaptação às condições mais diversas e adversas faz parte do ofício e que para estar no teatro como artista e/ou educadora/educador há que cultivar um espírito de resistência e resiliência.

E, como tantas outras vezes no fazer teatral, quando tudo parece que deu errado e temos que recomeçar do zero, veio a certeza de que as aulas e encontros poderiam continuar com vivências práticas e de que tudo era uma questão de adaptação. Experimentar e transpor os conceitos e convenções para uma realidade virtual. E acreditar nessa realidade. Porque, embora não seja a que estávamos acostumados, é também realidade.

Teatro é uma linguagem muito poderosa para criar vínculos. Ser parte de um grupo que tem como linguagem o teatro fortalece o sentimento de pertencimento e oferece infinitas chances de as/os integrantes do grupo serem reconhecidas/os na sua individualidade e expressividade singular. Observei ao longo desse tempo que esse poder permanece se cultivarmos o grupo e seus integrantes no convívio virtual.

Tudo é possível no teatro se estabelecermos convenções com nossas/nossos alunas/alunos e espectadores para o jogo que propusermos. Esse novo jogo colocado agora a distância me parece possível.

Não igual, mas possível.

O ENCONTRO NO ESPAÇO-TEMPO

Teatro é a arte do encontro.

Em aulas e oficinas, nos encontramos compartilhando *o espaço e o tempo*.

Esses dois vetores constituintes do teatro precisam ser pensados numa outra relação nessa proposta de aulas virtuais.

O espaço de jogo, o chão das rodas, as trajetórias das caminhadas pelo espaço, as relações espaciais entre jogadores e espectadores nos experimentos cênicos deixam de existir e somos transportados para uma tela dividida em outras minúsculas telas. Cada um "aprisionado" no seu retângulo-tela. Diante de uma câmera, rodeados de teclas, botões, ícones e novas regras de convívio para iniciar uma comunicação.

Cada um sozinho desde a sua "torre de controle".

Já não há um espaço concreto compartilhado. Temos agora muitos espaços não compartilhados e simultâneos. Cada jogador pode até propor mais de um espaço durante um encontro. Multiplicamos os espaços.

"Perdemos o chão" de pertencimento do grupo.

Mas temos o TEMPO.

Estamos juntos ao mesmo tempo. Ainda que em diferentes espaços. É ao vivo. Cada encontro, cada aula é única. É teatro.

Com essa constatação e alívio de que, sim, continuamos no reino do teatro e o encontro é possível, há entusiasmo de pensar em propostas e experimentos para esse novo convívio.

Nas minhas experiências, percebi dois caminhos:

1. **Adaptar,** para o ambiente virtual, jogos e exercícios que já fazemos com os grupos nas aulas presenciais. Essa familiaridade ajuda a lidar com a estranheza dessa nova forma

de encontro e pode ser disparadora de muita diversão. Um exemplo é o tradicional jogo "Observação das 3 mudanças". Presencialmente, jogamos em duplas e o objetivo é se observar brevemente. Logo, um/uma integrante fecha os olhos enquanto o outro/a outra faz 3 mudanças no seu visual. Depois a outra/o outro tenta descobrir o que seu/sua colega mudou. As mudanças são muito sutis, pois há apenas os elementos do que estão vestindo no momento do jogo. Ao adaptar para cada um/cada uma no seu espaço, a diversidade de opções é enorme. Cada jogador/jogadora em seu lugar tem a possibilidade de criar inúmeras mudanças ao fechar a tela e ter acesso aos objetos e roupas de sua casa. O jogo a distância nos desafiou a criar uma gama de mudanças, das mais óbvias às mais sutis. Um verdadeiro jogo dos sete erros em carne e osso. Pode-se tanto jogar em duplas como em outras configurações em que somente alguns poucos/algumas poucas trocam e o grupo todo tenta adivinhar. Usar o *chat* é um excelente recurso para esse jogo, assim como para outros adaptados, pois permite um estado de silêncio ativo e prontidão necessários, que às vezes se perdem no manejo de câmeras, microfones e de tantas questões técnicas e de conexão com a internet.

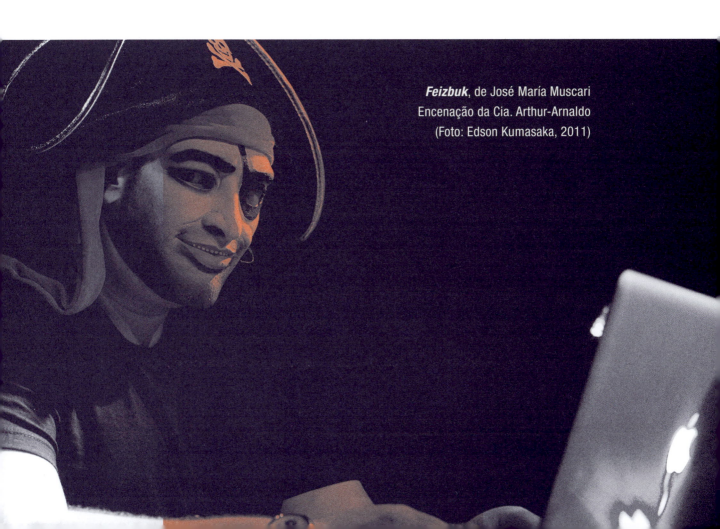

Feizbuk, de José María Muscari
Encenação da Cia. Arthur-Arnaldo
(Foto: Edson Kumasaka, 2011)

2. Criar experimentos que só são possíveis porque cada um/cada uma de nós está num espaço físico diferente. Valorizar essa circunstância em vez de ver nela um impedimento. Nas aulas de teatro a distância, é inevitável que conversemos com a linguagem do audiovisual. Muitos dos experimentos e proposições ao longo dos meses de aulas remotas foram se apropriando do universo da câmera, dos enquadramentos, das possibilidades de cada um criar "mundos" e personagens a partir dos espaços, objetos e roupas da sua casa. Os experimentos com som e voz foram também muito mais explorados a distância do que presencialmente. Efeitos sonoros, peças radiofônicas, *podcasts* foram alguns projetos que funcionaram bem. Eles possibilitaram a aprendizagem de técnicas e ajudaram a sair da realidade supersaturada de estímulos visuais e migrar para sensibilidade e escuta para o som, voz e suas potencialidades. Exemplos de proposições criadas para o ambiente virtual foram jogos e momentos cênicos que trabalharam com a observação e descoberta do que o outro estava criando em seu espaço. Criar efeitos sonoros com objetos e com o corpo (câmera fechada) para o grupo descobrir. Criei várias séries de gincanas estilo "caça ao tesouro", em que, individualmente ou em equipes, tinham que atender a tarefas num tempo cronometrado (trazer algum objeto, criar uma sequência de movimentos, vestir-se como certa personagem, ter um texto curto para ler ou recitar um poema). Esse procedimento, com corrida contra o tempo, funciona bem tanto para aquecimento com algo bem simples como para problematizar as tarefas e pedir ações que se conectam com o conteúdo das aulas. Não há limite nas provocações que podemos criar para que os jogadores saiam das cadeiras!

O JOGO NO ENCONTRO VIRTUAL

O "estado" de quem conduz. Preparando o ambiente virtual

O encontro no teatro é por intermédio do jogo. O estado de jogo deve existir desde o primeiro segundo do encontro com grupos. Como educadoras e educadores, temos que entrar em aula nesse estado de jogo, prontidão, prazer e disponibilidade, e a partir dele convidar as crianças e jovens a entrar nessa mesma frequência e jogar. Somos nós que damos o tom ao entrar numa sala de aula.

No ambiente virtual, não é diferente. Ao dar o *click* e entrar na reunião, temos que colocar essa energia na nossa voz, rosto e corpo. Na verdade, no ambiente virtual, a necessidade dessa energia de quem conduz se faz ainda mais imperativa, pois a bidimensionalidade do encontro virtual deixa as pessoas menos ativas. Não há como formar uma grande roda e nos olharmos todas/todos ao mesmo tempo para iniciar o encontro. As sutilezas do encontro presencial se perdem; então, temos que criar essa conexão de sutilezas e um ambiente afetivo.

Precisamos de um ritual de chegada para nos "afetar".

Seguem algumas ideias que aquecem a chegada:

► Abrir a reunião com uma música de fundo.

► Dizer o nome de cada participante ao dar bom dia/boa tarde. Parece repetitivo e cansativo, mas é muito importante que a pessoa ouça seu nome e seja bem-vinda.

► Perguntar como estão e ter algum código visual, como um gesto de "joinha", para cima, para o meio ou para baixo, a fim de podermos rapidamente ver como está a temperatura do grupo. Criar uma linguagem de gestos com o grupo para alguns comandos e informações é uma maneira de se conectar rapidamente em silêncio e desenvolver uma cumplicidade, como uma dupla de mergulhadores que está extremamente conectada a 20 metros de profundidade comunicando-se apenas por meio de uma linguagem corporal.

► Elogiar e usar palavras positivas o tempo todo. Nomear os alunos/as alunas que estão experimentando as propostas com entusiasmo.

► Nomear também aqueles/aquelas que parecem desmotivados/das e não estão engajados/das e elogiá-los/las. Mesmo que não esteja fazendo muito, achar algo para valorizar e direcionar a partir daí. Por exemplo, em vez de dizer: "Não estou vendo você se movendo", falar: "Estou vendo o movimento dos seus olhos ou mãos e essa sutileza é muito boa na tela. Agora, imagine esse mesmo movimento dos olhos fazendo com as pernas. Como se os olhos estivessem nos joelhos. Tente fazer isso!" Às vezes, é necessário oferecer nossa imaginação a ele/ela para que entre no jogo. Mesmo que exagere nos elogios! O que vale é conseguir colocar o grupo para imaginar e jogar.

► Ter uma palavra de chegada que cada um/uma deles/delas escreve no *chat* e em silêncio todas/todos leem as palavras do grupo. Essa palavra pode ser para expressar seu sentimento nesse dia ou para sair do óbvio. Já usei perguntas disparadoras que devem ser respondidas com apenas uma palavra, tais como: "Onde gostaria de estar neste momento? O que comeu no café da manhã/almoço hoje? O que acha que faremos hoje na aula? O que lembra da aula passada? Uma palavra que gostaria de presentear ao grupo hoje. Um medo que teve esta semana."

Esse jogo inicial no *chat*, ou até com a abertura dos microfones, pode ser já o aquecimento, dependendo de qual será o experimento ou conteúdo do encontro.

Tal como na sala de aula presencial, é muito importante que o ambiente da sala virtual tenha combinados claros e que todos e todas se sintam seguros/seguras e integrados ao encontro ou ao grupo.

A questão com as câmeras e microfones fechados é delicada. É necessário que nos olhemos e escutemos num encontro mediado pela linguagem do teatro. Se a instituição em que você trabalha não exige que alunas e alunos abram as câmeras, acho que o caminho é criar um ambiente de muita confiança e conversa e ao longo dos encontros criar cada vez mais experiências de que queiram participar e que não sejam possíveis com câmeras fechadas.

Nas aulas presenciais, há uma exposição dos corpos, voz, e de quem somos. Ao estarmos em nossas casas, a exposição é ampliada para o ambiente privado de cada participante, que nem sempre quer se mostrar. É compreensível e há que respeitar os limites, mas vale a pena investir em estratégias para que as câmeras se abram. Pode ser uma oportunidade de construção de relacionamentos com mais empatia e afeto, assim como fortalecimento dos vínculos do grupo e conexões genuínas a partir das diferenças e singularidades.

ENCONTRO NO ESPAÇO

Meu espaço pessoal e o espaço da tela

Nas aulas virtuais, nas quais cada participante ocupa um espaço diferente, é muito importante que a relação com a tela e com a câmera seja trabalhada desde o início.

Quando eu faço contato visual, olho para a câmera, e não para a tela. A câmera é meu interlocutor e com o qual me comunico como jogador. Quando estou no papel de observador, eu olho a tela.

Como jogador, preciso olhar para a câmera e para a tela alternadamente, para me relacionar com os outros jogadores e seguir as regras, como num jogo de "Siga o mestre", por exemplo. Na verdade, nem seria necessário olhar para a câmera nesse jogo, pois basta observar quem é o mestre. Mas, mesmo quando é possível jogar sem fazer "contato visual" com a câmera, essa é uma convenção importante nesse ambiente. Quando olho para a câmera, eu me exponho, fico mais disponível e ativa/ativo no jogo.

Nesse espaço delimitado por uma tela, há muitos experimentos que trabalham com a consciência espacial e dos corpos em espaços simultâneos.

Experimentos de enquadramento, de revelar/esconder, experiências com trajetórias espaciais, foco, movimento e pausa, relação arquitetura do espaço e corpo, entre outros.

Para começar, podemos trabalhar com *jogos conhecidos,* que funcionam bem adaptados virtualmente, como:

▶ **Siga o mestre** – Todas/todos seguem o movimento proposto por uma/um participante.

▶ **Jogos de mímica e movimento** com temas (animais, objetos, personagens, filmes, livros etc.) – Podem ser jogados em duplas ou equipes usando o *chat* para as instruções.

▶ **Jogos de "máquina"** – Construção de movimentos repetitivos como se fossem de uma engrenagem que se relacionam por acumulação. Cada participante acrescenta um movimento por vez. Além das máquinas realistas (máquina de lavar louça, de fritar batatas, de costurar sapatos), pode se propor um tema abstrato como máquina da coragem, máquina de fazer sonhos etc.

▶ **Jogos de criação de fotografias e histórias em quadrinhos** – Permitem usar o movimento para contar histórias e se engajar na comunicação de narrativas e ideias.

E com **experimentos específicos do ambiente virtual**:

▶ **Enquadramento do meu corpo no meu espaço** – Muito longe da câmera com foco no espaço, e não no corpo. Corpo visível da cabeça aos pés. Corpo visível da cabeça à cintura. *Close* somente na cabeça. *Superclose* em algum detalhe do rosto, como olhos ou boca.

▶ **Trajetórias no espaço da tela** – Usando lateralidade, verticalidade e diagonais.

- **Protagonismo de diferentes partes do corpo** – Mostrando apenas as mãos, os pés, braços, olhos, boca etc.

- **Uso de objetos, roupas, espaços pessoais para os experimentos e jogos** – Possibilidade de criar e improvisar usando a diversidade e singularidade das/dos participantes.

- **Experimentos de audiovisual que possam gerar pequenas obras para compartilhar com a comunidade escolar** – Monólogos, leituras encenadas e até mesmo criação de roteiros que possam ser gravados a distância e editados, resultando num audiovisual.

ENCONTRO NO TEMPO

Dois tempos: síncrono / assíncrono

Sobre o tempo no ensino virtual, observo desde o começo que as aulas síncronas dão conta dos jogos e experimentações coletivas de voz e corpo no espaço, como faríamos no presencial, mas que, no momento de desenvolver uma cena, uma experimentação sonora ou plástica e ensaiar, faz mais sentido que seja feito fora dos encontros síncronos.

Para se aprofundar em processos criativos com resultados que possam ser compartilhados (gravados ou ao vivo), é ideal que também exista um trabalho pós-encontro num tempo assíncrono, onde cada participante ou grupo é autor/autora da sua experimentação fora do tempo ao vivo.

Essas tarefas e experimentações feitas fora da presença do grande grupo e professora/professor permitem que o/a jovem ou criança esteja mais apropriada do seu processo de aprendizagem e criação.

Essa "solidão" que as aulas virtuais nos fazem sentir em muitos momentos pode ser transformada em espaço de autonomia e expressividade que depois pode voltar a ser compartilhado no grande grupo.

O exercício de autoria nos experimentos individuais e de autoconhecimento das potencialidades criativas individuais é uma boa surpresa na experiência com aulas de teatro a distância.

Costumo dizer aos grupos da importância de organizar esses pequenos momentos cênicos e experimentos como um *presente* que preparamos com cuidado e carinho pensando em quem vai assistir a eles. Não é sobre nós, mas sobre quem vai receber.

Desde que li no livro *A preparação do diretor,* de Anne Bogart (diretora e fundadora, juntamente com o diretor japonês Tadashi Suzuki, do Saratoga International Theatre Institute [Siti], e criadora do método de *Viewpoints*), uma referência do autor Lewis Hyde, me senti contemplada no meu sentir como artista e educadora. Diz ele no seu livro *A dádiva. Como o espírito criativo transforma o mundo* que o ser humano toma decisões a partir de dois instintos: o de *sobrevivência* e o de *presentear.*

Quando preparamos nossas aulas, estamos criando uma jornada para o outro, assim como quando concebemos e ensaiamos um espetáculo. Essa viagem que vamos proporcionar aos grupos e plateias é de fato um presente que oferecemos e que cada um prepara a partir de quem é, com tudo o que traz na bagagem e repertório singular.

Relaciono abaixo algumas ideias que foram disparadoras para presentear os grupos e criar atividades e tarefas para jovens e crianças. Cada um/cada uma deles/delas pode acomodar o seu instinto de presentear o outro:

- **explorações de movimento** em trajetórias, níveis, planos e enquadramentos em relação à câmera do computador;

- **explorações de voz** em atividades com: efeitos sonoros, *podcast,* peças radiofônicas, paisagens sonoras, dublagem, línguas imaginárias e blablação;

- combinação de **explorações de movimento e som** com palavras, frases e poemas curtos;

- **exploração de movimento e voz do grupo como CORO** a partir da imitação, contradição, oposição, espelhamento, acumulação, sobreposição, ritmo, antecipação e retardamento, entre outros;

- **exploração de criação de personagem** a partir de estados de tensão, partes do corpo, animais, objetos, elementos da natureza, entre outros estímulos;

- **exploração de composição de personagem** a partir de experimentos com voz, figurino, espaço habitado, maquiagem, objetos de cena, entre outros;

▶ **exploração de experimentos de escrita dramatúrgica** a partir de histórias pessoais, objetos afetivos, escritas automáticas com diversos estímulos, jogos de escrita aleatória em grupos, entre outros e quaisquer estímulos que disparem a escrita;

▶ **exploração de formas de compartilhamento dos materiais criados**: possíveis maneiras de compartilhar fotos, vídeos e áudios; reflexões sobre a melhor forma para cada conteúdo; reflexões sobre compartilhamento dos experimentos em tempo real; reflexões sobre estratégias para ouvir espectadores pós-fruição dos experimentos;

▶ **exploração de ferramentas e plataformas virtuais** que permitem que os trabalhos sejam compartilhados entre alunas/alunos, tais como *Padlet* e *Seesaw*.

Espero que essas breves anotações e experiências inspirem e ajudem a planejar aulas e encontros com grupos de crianças e jovens em aulas remotas. A distância física não deve ser fator de desconexão e distância afetiva. Inspirados na conexão e no desafio de habitar essa nova realidade virtual, podemos criar um ambiente de confiança, diversão, imaginação e expressão. Embora a aula seja virtual, não deixa de ser real. É possível existir e conviver criativamente por intermédio da linguagem do teatro no encontro entre pessoas num tempo que é compartilhado. O melhor do encontro são, a meu ver, as pessoas, e a linguagem teatral nos oferece sempre um olhar para o outro e para dar lugar a sua expressividade.

A travessia de Maria e seu irmão João
Encenação da Cia. Arthur-Arnaldo
(Foto: Ana Helena Lima, 2022)

BIBLIOGRAFIA SUGERIDA

Dicas para encontrar conteúdo de qualidade para você se aprimorar como professora ou professor de teatro. Boa parte das experiências citadas neste livro se inspiraram nas seguintes fontes:

ALMADA, Izaías. *Teatro de Arena*. São Paulo: Boitempo, 2004.

BADER, Wolfgang. *Brecht no Brasil:* experiências e influências. São Paulo: Paz e Terra, 1980.

BARBA, Eugenio. *Além das ilhas flutuantes*. Rio de Janeiro: Hucitec, 1991.

_____. *A canoa de papel*. Rio de Janeiro: Hucitec, 1994.

BARBA, Eugenio; SAVARESE, Nicola. *A arte secreta do ator*. Rio de Janeiro: Hucitec, 1995.

BARCELLOS, Jalusa. *CPC da Une:* uma história de paixão e consciência. Rio de Janeiro: Nova Fronteira, 1990.

BOAL, Augusto. *O teatro como arte marcial*. Rio de Janeiro: Garamond, 2003.

_____. *Hamlet e o filho do padeiro:* memórias imaginadas. Rio de Janeiro: Record, 2000.

_____. *Teatro de Augusto Boal*. v. 1. Rio de Janeiro: Hucitec, 1986.

_____. *Teatro de Augusto Boal*. v. 2. Rio de Janeiro: Hucitec, 1990.

_____. *O teatro do oprimido e outras poéticas políticas*. Rio de Janeiro: Civilização Brasileira, 1988.

_____. *Stop: c'est magique*. Rio de Janeiro: Civilização Brasileira, 1980.

_____. *200 exercícios e jogos para o ator e o não ator com vontade de dizer algo através do teatro*. 9. ed. Rio de Janeiro: Civilização Brasileira, 1989.

_____. *Teatro legislativo*. Rio de Janeiro: Civilização Brasileira, 1996.

_____. *O arco-íris do desejo. Método Boal de teatro e terapia*. Rio de Janeiro: Civilização Brasileira, 1996.

BOAL, Julian. *As imagens de um teatro popular*. Rio de Janeiro: Hucitec, 2000.

BOGART, Anne. *A preparação do diretor*. São Paulo: Martins Fontes, 2011.

BRECHT, Bertolt. *Teatro completo*. São Paulo: Paz e Terra, 1987.

COELHO, José Teixeira. *O que é ação cultural*. São Paulo: Brasiliense, 2012.

COSTA, Iná Camargo. *A hora do teatro épico no Brasil*. Rio de Janeiro: Paz e Terra, 1996.

COURTNEY, Richard. *Jogo, teatro & pensamento:* as bases intelectuais do teatro na educação. São Paulo: Perspectiva, 2010.

DESGRANGES, Flávio. *A pedagogia do espectador*. 2. ed. São Paulo: Hucitec, 2010.

_____. *Pedagogia do teatro:* provocação e dialogismo. 3. ed. São Paulo: Hucitec, 2011.

DURÁN, Ana; JAROSLAVSKY, Sonia. *Cómo formar jóvenes espectadores en la era digital*. Buenos Aires: Editorial Leviatán, 2012.

FALCÃO, Adriana. *A máquina.* (Com adaptação teatral de João Falcão) São Paulo: Richmond, 2014.

GAMA, Joaquim C. M. *Alegoria em jogo:* a encenação como prática pedagógica. São Paulo: Perspectiva, 2016.

GOLEMAN, Daniel. *Inteligência emocional*. São Paulo: Objetiva, 1996.

HUIZINGA, Johan. *Homo ludens:* o jogo como elemento da cultura. São Paulo: Perspectiva, 2019.

HYDE, Lewis. *A dádiva:* como o espírito criativo transforma o mundo. Rio de Janeiro: Civilização Brasileira, 2010.

JANUZELLI, Antonio. *A aprendizagem do ator*. São Paulo: Ática, 1992.

KOUDELA, Ingrid Dormien. *Jogos teatrais*. São Paulo: Perspectiva, 1984.

_____. *Brecht:* um jogo de aprendizagem. São Paulo: Perspectiva, 1991.

_____. *Um voo brechtiano:* teoria e prática da peça didática. São Paulo: Perspectiva, 1992.

_____. *Texto e jogo*. São Paulo: Perspectiva, 1996.

LEHMANN, Hans-Thies. *Teatro pós-dramático*. São Paulo: Cosac & Naify, 2007.

MACHADO, Marina Marcondes. *Merleau-Ponty & a educação*. São Paulo: Autêntica, 2010.

MAGALDI, Sábato. *Panorama do teatro brasileiro*. 3. ed. São Paulo: Global, 1997.

_____. *Um palco brasileiro – O Arena de São Paulo*. São Paulo: Brasiliense, 1984.

NELSEN, Jane. *Disciplina positiva*. São Paulo: Manole, 2015.

PEIXOTO, Fernando. *O melhor teatro do CPC da Une*. São Paulo: Global, 1989.

_____. *O que é teatro*. 4. ed. São Paulo: Brasiliense, 1981.

PRADO, Décio de Almeida. *O teatro brasileiro moderno*. São Paulo: Perspectiva, 1988.

PROPP, Vladimir. *Comicidade e riso*. São Paulo: Ática, 1992.

RAMALDES, Karine. *Os jogos teatrais de Viola Spolin:* uma pedagogia da experiência. Goiânia: Kelps, 2017.

RANCIÈRE, Jacques. *O espectador emancipado*. São Paulo: Martins Fontes, 2012.

ROSENFELD, Anatol. *Teatro moderno*. São Paulo: Perspectiva, 1977.

RYNGAERT, Jean-Pierre. *Introdução à análise do teatro*. São Paulo: Martins Fontes, 1996.

_____. *Jogar, representar*. São Paulo: Cosac Naify, 2009.

SERZEDELLO, Tuna. *Rolê*. São Paulo: Giostri, 2016.

_____. *Ato parental*. São Paulo: Chiado Books, 2019.

SPOLIN, Viola. *Improvisação para o teatro*. São Paulo: Perspectiva, 1999.

_____. *Jogos teatrais:* o fichário de Viola Spolin. São Paulo: Perspectiva, 2001.

STANISLAVSKI, Constantin S. *A preparação do ator*. Rio de Janeiro: Civilização Brasileira, 1986.

_____. *A construção da personagem*. Rio de Janeiro: Civilização Brasileira, 1987.

_____. *A criação de um papel*. Rio de Janeiro: Civilização Brasileira, 1990.

_____. *Minha vida na arte*. Rio de Janeiro: Civilização Brasileira, 1989.

SZONDI, Peter. *Teoria do drama moderno (1850-1950)*. São Paulo: Cosac & Naify, 2001.

THOSS, Michael; BOUSSIGNAC, Patrick. *Brecht para principiantes*. São Paulo: Paz e Terra, 1984.

VIDOR, Heloise Baurich. *Drama e teatralidade:* o ensino do teatro na escola. Porto Alegre: Mediação, 2010.

VIGANÓ, Suzana Schmidt. *As regras do jogo:* a ação sociocultural em teatro e o ideal democrático. São Paulo: Hucitec, 2006.

TEXTOS TEATRAIS PARA MONTAR COM JOVENS

Disponíveis gratuitamente na web ou para compra e consulta em livrarias e bibliotecas.

No *site* da Shakespeare Schools Foundation você encontra as peças de Shakespeare em adaptações para grupos escolares (em inglês) e muitos outros recursos gratuitamente: https://www.shakespeareschools.org/curriculum-resources. Lembre-se de que você pode usar as traduções em português das obras aproveitando as adaptações feitas pelos educadores ingleses.

Peças escritas especialmente para grupos de teatro jovem nos livros lançados pelo **Projeto Conexões de Teatro** (www.conexoes.org.br) entre 2007 e 2019 em edição bilíngue (português-inglês) pela editora da Escola Superior de Artes Célia Helena:

Conexões 2007 – Nova dramaturgia para jovens (ISBN 978-85-98323-02-2)
Osama, o homem-bomba do Rio, de Caco Barcellos.
Peça de horror, de Judith Johnson.
Treta no jardim, de David Farr.
Meio-fio, de Marcelo Rubens Paiva.

Conexões 2008 – Nova dramaturgia para jovens (ISBN 978-85-98323-03-9)
Bolo de noiva, de Mario Viana.
Refugo, de Abi Morgan.
Na balada, de Noemi Marinho.
My face, de Nigel Williams.
Uma história de vampiro, de Moira Buffini.
O primeiro voo de Ícaro, de Luís Alberto de Abreu.

Conexões 2009 – Nova dramaturgia para jovens (ISBN 978-85-98323-04-6)
Blecaute, *de* Davey Anderson.
Longe da vista chinesa, de Bosco Brasil.
Lindo de morrer, de Christopher William Hill.
O mistério na sala de ensaio, de Sérgio Roveri.

Conexões 2010 – Nova dramaturgia para jovens (ISBN 978-85-63969-00-2)
Godofredo & Alice, de Newton Moreno.
Missão secreta: centro da Terra, de Daisy Campbell.
Nas alturas, de Lisa McGee.
Maledicência, de Jandira Martini.

Conexões 2011 – Nova dramaturgia para jovens (ISBN 978-85-63969-02-6)
Contos que cantam sobre pousos pássaros, de Claudia Schapira.
Colosso, de Carl Grose.
Teseu, de Cássio Pires.
O manifesto à beleza, de Nell Leyshon.

Conexões 2012 – Nova dramaturgia para jovens (ISBN 978-85-63969-03-3)
Septeto fatal, de Alex Cassal.
As crisálidas, de David Harrower.
Flor da pele, de Mariana Marteleto.
O ritual, de Samir Yazbek.

Conexões 2013 – Nova dramaturgia para jovens (ISBN 978-85-63969-04-0)
Submarino, de Leonardo Moreira.
A estática, de Davey Anderson.
Tudo por você, de Paula Pimenta.
Celular – O show, de Jim Cartwright.

Conexões 2014 – Nova dramaturgia para jovens (ISBN 978-85-63969-05-7)
Cimbelino XXI: um ensaio, de Marcos Barbosa.
Cérebro à vinagrete, de Hugo Possolo.
A voz do silêncio, de José Arthur Ridolfo.
Mentiroso, de Gregory Burke.
Anoesis, de Junction 25 – Glas(s) Performance.

Conexões 2015 – Nova dramaturgia para jovens (ISBN 978-85-63969-06-4)
Meu adulto favorito?, de Dib Carneiro Neto.
Filosofia da revolução, de Marcelo Romagnoli.
DNA, de Dennis Kelly.
Remoto, de Stef Smith.

Conexões 2016 – Nova dramaturgia para jovens (ISBN 978-85-63969-07-1)
Ele escreveu um texto sobre jovens, de Alexandre Dal Farra.
A ponte, de Lucienne Guedes.
Como eles são?, de Lucinda Coxon.
Os músicos, de Patrick Marber.

Conexões 2017 – Nova dramaturgia para jovens (ISBN 978-85-63969-09-5)
Admirável mundo novo!, de Luís Alberto Abreu.
Meninas, meninos, menines, de Marcia Zanelato.
Extremismo, de Anders Lustgarten.
Atualização de status, de Tim Etchells.

Conexões 2019 – Nova dramaturgia para jovens (ISBN 978-85-63969-10-1)
Carne, de Rob Drummond.
Verona*, de* Murilo Franco.
Noturno/diurno, de Jenny Valentine.

William Shakespeare (c. 1564 – 1616) poeta, dramaturgo e ator inglês, tido como o maior escritor do idioma inglês e o mais influente dramaturgo do mundo.

CIA. ARTHUR-ARNALDO

da cooperativa paulista de teatro

A CIA. ARTHUR-ARNALDO

Fundada em 1996, a Cia. Arthur-Arnaldo sempre pesquisou e atualizou temas sociais e políticos. Resgatou a dramaturgia de Augusto Boal com a montagem de dois de seus textos, um dos quais, *O homem que era uma fábrica*, inédito nos palcos brasileiros.

A partir de 2006, idealizado pela diretora e produtora Soledad Yunge, começou um trabalho de pesquisa com textos voltados ao público jovem. Em 2007, a companhia recebeu cinco indicações para o prêmio Femsa de Teatro Infantil e Jovem, incluindo a de melhor espetáculo jovem de 2007, e foi contemplada com o Prêmio Funarte de Teatro Myriam Muniz pela encenação da peça *Bate-papo* (*Chatroom*), do autor irlandês Enda Walsh, até então inédito nos palcos brasileiros. Em 2008, encenou o texto *Cidadania* (*Citizenship*), de Mark Ravenhill, recebendo seis indicações ao prêmio Femsa 2008, incluindo a de melhor espetáculo jovem de 2008. Em 2009, a montagem da peça *DNA* trouxe pela primeira vez aos palcos paulistas a dramaturgia do inglês Dennis Kelly. Ela recebeu cinco indicações ao prêmio Femsa, incluindo a de melhor espetáculo jovem de 2009, e foi convidada para reinaugurar a Sala Carlos Miranda do Complexo Cultural Funarte, em São Paulo.

Em 2011, estreou o espetáculo *Feizbuk*, do autor argentino José María Muscari, no evento "Qual é a sua?", voltado ao público jovem, no Sesc Consolação, em São Paulo.

Um ano depois, em 2012, a Cia. Arthur-Arnaldo foi indicada ao prêmio Femsa na categoria especial em reconhecimento ao trabalho continuado dedicado ao público jovem.

Em 2013 e 2014, esteve em cartaz com a montagem do texto do autor português Tiago Rodrigues, *Coro dos maus alunos*, peça contemplada pelo edital do Proac de Produções Inéditas e indicada ao prêmio Femsa nas categorias autor, elenco e melhor espetáculo jovem, e ao prêmio CPT 2013 nas categorias dramaturgia, direção e melhor espetáculo jovem.

Ainda em 2014, a Cia. Arthur-Arnaldo estreou o espetáculo infantil *Os Pés Murchos x Os Cabeças de Bagre*, de Tuna Serzedello, que conta a história do futebol e sua relação com as guerras e a religião.

Em 2015, foi contemplada pelo Programa Municipal de Fomento ao Teatro para a Cidade de São Paulo com o projeto #JOVENS, cujas ações consistiram em: circulação de dois espetáculos em repertório, encontros formativos, oficinas gratuitas para jovens de escolas públicas, além da produção de um novo espetáculo: *Rolé*, de Tuna Serzedello, que estreou no Centro Cultural São Paulo em 16 de outubro de 2015 e cumpriu segunda temporada na mesma sala em 2016.

Comemorando dez anos do seu projeto de teatro para jovens em 2017, a Cia. Arthur-Arnaldo ganhou uma exposição de sua trajetória e uma mostra de repertório na Oficina Cultural Oswald de Andrade, em São Paulo. O projeto Entre Jovens (contemplado pelo Programa Municipal de Fomento ao Teatro no mesmo ano) possibilitou a montagem e circulação do espetáculo inédito *Mártir*, do autor alemão Marius von Mayenburg, e os encontros e oficinas com o texto *Ato parental*, de Tuna Serzedello.

Em 2018, a Cia. Arthur-Arnaldo realizou uma colaboração internacional com o AlarmTheater, de Bielefeld, na Alemanha, para encenação da peça *Escudos humanos* (*Schutzschilde*), da autora portuguesa Patrícia Portela, com jovens alemães e refugiados.

No ano seguinte, 2019, estreia o espetáculo infantil *A travessia de Maria e seu irmão João*, vencedor do 23º Cultura Inglesa Festival, inspirado na recontagem do clássico *João e Maria* feita por Neil Gaiman. A montagem foi vencedora do prêmio APCA do mesmo ano.

A peça *A travessia de Maria e seu irmão João* voltou a ser contemplada em 2020, dessa vez com o Prêmio Zé Renato para a Cidade de São Paulo, para fazer uma circulação em equipamentos da cidade de São Paulo, mas, por causa da pandemia de coronavírus, foi adaptada para uma versão audiovisual.

Em 2021, por meio do prêmio Maria Alice Vergueiro, da Lei de Emergência Cultural Aldir Blanc, a companhia criou experimentos em vídeo para o texto *Ato parental*, de Tuna Serzedello.

Para conhecer mais sobre a Cia. Arthur-Arnaldo e assistir aos espetáculos e experimentos cênicos, acesse:

www.arthurarnaldo.com.br

Facebook: https://www.facebook.com/cia.arthurarnaldo

Instagram: @ciaarthurarnaldo

Youtube: https://www.youtube.com/c/CiaArthurArnaldodeTeatro

AS MONTAGENS DA CIA. ARTHUR-ARNALDO

1996 – *A estória do formiguinho ou deus ajuda os bão*, de Arnaldo Jabor – Direção: Marcelo Lazzaratto.

1998 – *Revolução na América do Sul*, de Augusto Boal – Direção: Tuna Serzedello.

2000 – *Pequena história do Brasil – 500 anos em 50 minutos* – Texto e direção: Tuna Serzedello.

2004 – *O homem que era uma fábrica*, de Augusto Boal – Direção: Tuna Serzedello.

2007 – *Bate-papo (Chatroom)*, de Enda Walsh – Direção: Tuna Serzedello.

2008 – *Cidadania (Citizenship)*, de Mark Ravenhil – Direção: Tuna Serzedello.

2009 – *DNA*, de Dennis Kelly – Direção: Tuna Serzedello.

2011 – *Feizbuk*, de José María Muscari – Direção Tuna Serzedello.

2013 – *Coro dos maus alunos*, de Tiago Rodrigues – Direção: Tuna Serzedello.

2014 – *Os Pés Murchos x Os Cabeças de Bagre*, de Tuna Serzedello – Direção: Soledad Yunge.

2015 – *Rolê* – Texto e direção: Tuna Serzedello.

2017 – *Mártir*, de Marius von Mayenburg – Direção: Soledad Yunge.

2018 – *Escudos humanos*, de Patrícia Portela – Direção: Harald Otto e Dietlind Bulde – Colaboração internacional com o AlarmTheater, da Alemanha.

2019 – *A travessia de Maria e seu irmão João*, dramaturgia livremente inspirada no conto *João e Maria*, de Neil Gaiman – Direção: Soledad Yunge.

2021 – *Ato parental*, de Tuna Serzedello – Direção: Soledad Yunge e Tuna Serzedello.

O AUTOR

Tuna Serzedello é ator, diretor, professor de teatro e dramaturgo. Fundador e diretor artístico da Cia. Arthur-Arnaldo, criada em 1996, exerce trabalho continuado no universo jovem desempenhando diversas funções e é autor dos seguintes textos:

2020 – *Noite fechada, feridas abertas*
Peça sobre acontecimentos políticos que abrem feridas.

2019 – *Ato parental* (publicado pela Chiado Books – Coleção Bastidores, 2019)
Distopia sobre os efeitos do ato parental.

2017 – *Lance livre* (parte integrante deste livro)
Peça para jovens sobre o porquê de algumas bolas caírem na cesta e outras, não, no jogo de basquete e na vida.

2016 – *Water refugees*
Peça radiofônica sobre os desdobramentos da crise hídrica.

2015 – *O fantástico apetite monstruoso*
Peça sobre o insaciável apetite infantil para brincar.

2014 – *Rolê* (publicado pela Ed. Giostri – Coleção Dramaturgia brasileira, 2016)
Peça para jovens sobre a descoberta da sexualidade.

2014 – *Os Pés Murchos x Os Cabeças de Bagre*
Peça para crianças sobre as relações entre a história do futebol e as guerras e a religião.

2013 – *Sinatra*
Peça sobre a insistência para ter um filho.

2013 – *Cadastro localizado*
Peça curta sobre burocracia.

2011 – *José*
Peça radiofônica sobre uma grande farsa envolvendo a morte de José Saramago.

2010 – *Plateia*
Peça sobre a dificuldade de fazer uma peça.

2008 – *O décimo terceiro*
Um *thriller* de suspense para jovens.

2008 – *Zé Mané, Primazé e outro Zé*
(Indicado ao prêmio Femsa, categoria melhor autor de texto adaptado)
Peça infantil adaptada de contos tradicionais sobre a morte.

2007 – *Quatro contos de quatro cantos*
Peça infantil sobre a luta contra os medos.

2004 – *A aposta*
Adaptação do conto homônimo de Tchékhov para monólogo curto.

2000 – *Festa de cachorro*
Peça para jovens sobre o abismo social brasileiro.

1999 – *Videotape*
Peça para jovens sobre o uso de entorpecentes.

1999 – *Pequena história do Brasil – 500 anos em 50 minutos*
"Toda" a história do Brasil contada por duas atrizes em 50 minutos.

A revolução das mulheres,
de Aristófanes
(Foto: Acervo Escola da Vila, 2014)

AGRADECIMENTOs

Aos meus alunos, alunas e ex-alunos e ex-alunas, por tudo o que me ensinaram.

A Soledad Yunge, pela parceria de sempre, inspiração, ensinamentos, amor, e por despertar o que há de melhor em mim. E por aceitar escrever um capítulo para este livro!

Às minhas filhas, Juliana e Olivia.

Ao núcleo artístico da Cia. Arthur-Arnaldo: Carú Lima, Julia Novaes, Luisa Taborda, Taiguara Chagas e Soledad Yunge.

Ao meu primeiro professor de teatro, Caco Neves, e aos colegas e amigos do Grupo Teatral Markapasso o meu muito obrigado pelos inúmeros momentos incríveis e por despertarem o meu amor pelo teatro.

A Carú Lima e Luiza Zaidan, pela honra de trabalhar em parceria com vocês.

A Maíra Silveira, Samira Nassif, Ana Dulce Pacheco, Juliana Prado, Márcia Custódio, Rafael Ihara, Leticia Garcia, Vítor Marques, Jussane Pavan e Felipe Bernardo, por me assistirem e me ensinarem.

Aos parceiros do projeto Conexões de Teatro Jovem, nos seus treze anos de existência: Laerte Mello, Carolina Faria, Liliane Rebelo, Karen Halley, Paula Lopez, Stephen Rimmer, Ligia Cortez, Léo Pelliciari, Marcos Polifemi, Nani de Oliveira, Juliane Gomes, Pauline Hartmann, Suzy Granham-Adriany, Helen Prosser, Anthony Banks, Alice King-Farlow, Matt Wilde, Enda Walsh (National Theatre, Londres), Francisco Frazão, Sandro William Junqueira (Culturgest e Teatro Nacional Maria II / Projeto Panos, Portugal), Sara Martignioni (Teatro Litta, Milão), Michelle Panela (Teatro Della Limonaia, Florença), Eirik Broyn (Det Norske Teatret, Oslo), Edward Bromberg (Riksteatern, Estocolmo), e Inke Rosilo (Nuori Näyttämö, Helsinque).

Ingrid Dormien Koudela, Samir Signeu e Marina Marcondes Machado. Vicente Régis, Fernanda Franco, Leticia Arakaki, Caroline Freitas, Marcia Guerra, Letizia Patriarca, Luciana Carvalho, Jussane Pavan, Évila Damasceno, Luisa Furman, Yara Carmona, Cristiano Andrade.

Às queridas Simone Melo Zaidan e Ana Paula Demambro, organizadoras do Festival Estudantil de Teatro da Fundação das Artes de São Caetano do Sul, e a todos os organizadores de festivais de teatro estudantil do mundo! Vocês são corajosos e importantes!

A Debora Carvalho, Jaqueline Alves e Rafael Ghirardello (Sesc Bom Retiro).

Edson Kumasaka, Caio Bars, Camila Picolo, Ana Helena Lima, Jorge Alves, Marko Ribeiro, Luisa Furman, Pérola Sadka (Acervo Escola da Vila) e Gael Bérgamo e ao Colégio São Luís pela cortesia de permitir usar suas imagens neste livro.

Aos atores e atrizes que aparecem nas imagens dos espetáculos da Cia. Arthur-Arnaldo: Julia Novaes, Carú Lima, Fabio Lucindo, Fábio Rhoden, Vagner Valério, Magê Portolano, Luisa Taborda, Henrique Luzo, Silvia D´Almeida, Johnny Klein, Ricardo Estevam e Taiguara Chagas.

Aos queridos ex-alunos e ex-alunas que autorizaram o uso de suas imagens:

Gabriel Labaki, Mariana Queiroz, Bianca Vizzotto, Marina Yasbek, Mariana Berhend, Isabella Bianchi, Luiza Valio, Lica de Andrade, Beatriz Farias, João Pedro Rosa, Larissa Santos, Amanda Garcia, Julia Rouanet, Gabriela Milani, Dhara Cristina Sprovieri, Teodoro Pimenta, Eduardo Pimenta, Camilly Martins, Clarice Tuma, Helena Bommer, Rafael de Campo, Mariana Shima, Manoela Torres, Amanda Martinez, Lucas Unti, Luisa Xavier, Thais Torrecillas, Pedro Gontow, Breno Sapienza, Caetano Resende, Sheila Shantal, Eric Paulo, Giovana Nicoletti, Gabriel de Barros, Giovana Andrade, Isadora Cardeal e Pietra Vaninni.

Feizbuk, de José María Muscari
Encenação da Cia. Arthur-Arnaldo
(Foto: Ana Helena Lima, 2012)